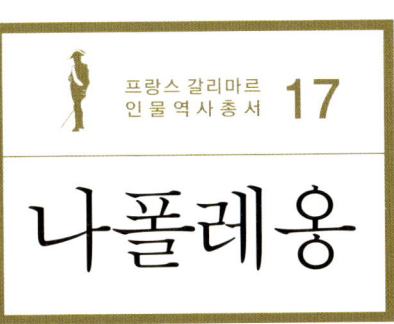

**글 | 장 미셸 드크케 페르공**
프랑스 역사학자이며 학생들을 가르치는 선생님이다. 《나폴레옹, 나는 곧 제국이다》《잔 다르크의 발자취를 찾아서》《유럽: 역사의 만남들》 등 역사 분야에 대한 여러 권의 저서가 있다.

**그림 | 자메스 프뤼니에**
1959년에 알제리에서 태어나 1981년 앙굴렘 만화 전시회에서 입상하면서 파리 삽화계에 발을 들여놓았다. 갈리마르 출판사에서 출간된 《잃어버린 집》의 삽화를 맡으면서 이름을 떨치게 되었다. 많은 어린이책 그림과 프랑스 우표에 삽화를 그렸다.

**옮긴이 | 신선영**
고려대학교 불어불문학과를 졸업했으며, 현재 프리랜서 번역가로 활동하고 있다. 옮긴 책으로는 《꼬마 니콜라》《앙리에트의 못말리는 일기장》《내 입을 이만큼 크게 만들어 주세요》《이름 보따리》 등이 있다.

초 판 1쇄 2006년 9월 30일 발행
개정판 2쇄 2013년 1월 5일 발행

글 장 미셸 드크케 페르공 | 그림 자메스 프뤼니에 | 옮김 신선영 | 발행처 종이비행기 | 발행인 나성훈 | 편집인 전유준
편집 김지현 이승민 | 교정·교열 유미정 | 디자인 이영수 강혜경 홍진희 | 특판책임 채청용 | 제작책임 정병문 | 홍보책임 박일성
주소 서울 강남구 삼성동 153 | 전화 02-538-5003 | 팩스 02-539-5003 | 등록 제16-3584호 | ISBN 978-89-6719-017-0 74900

ⓒ Éditions Gallimard Jeunesse, Paris, 2004. All rights reserved.
Korean translation Copyright ⓒ 2006 by JB-FLY Publishing Co.
Korean edition is published by arrangement with Gallimard Jeunesse through Sibylle Books Literary Agency.
이 책의 한국어판 저작권은 Sibylle Books Literary Agency를 통해 Gallimard Jeunesse와 독점 계약하여 종이비행기에 있습니다. 저작권법에 의해 한국 내에서 보호를 받는 저작물이므로 무단전재와 무단복제를 금합니다.

● **종이비행기**는 예림당의 가족회사로, 새로운 시각과 폭넓은 콘텐츠로 다가가는 **인문·과학분야전문브랜드**입니다.

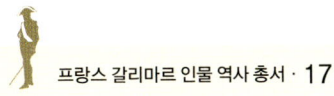
프랑스 갈리마르 인물 역사 총서 · 17

# 나폴레옹

장 미셸 드크케 페르공 글 | 자메스 프뤼니에 그림 | 신선영 옮김

종이비행기

# 《프랑스 갈리마르 인물역사 총서》를 펴내면서

앞으로 우리 교육 환경은 쉼 없는 지식의 성장과 진화를 요구합니다. 하나의 주제에 대해 생각하는 데에도 종합적인 사고와 깊은 통찰이 있어야 합니다.

《갈리마르 인물 역사 발자취》 시리즈는 우리 어린이와 청소년들이 꼭 읽고, 익혀야 할 학습 내용을 쉽고 풍부하게 전달하는 데 초점을 맞추었습니다. 이 시리즈는 인문 교양 지식 분야에서 세계 최고를 자랑하는 프랑스의 갈리마르 출판사에서 발행한 역사, 인물, 신화, 문명에 대한 종합적인 교양서입니다.

이 시리즈에 들어 있는 주제들은 모두 어린이, 청소년, 어른까지도 꼭 알아야 할 내용들로 매우 흥미진진합니다. 세상이 처음 만들어진 이야기부터 한 시대를 이끈 영웅담, 고대 문화, 문명, 지리, 역사적 배경까지……. 마치 한 편의 웅장한 역사 드라마를 보는 것과 같습니다. 그 이야기를 누구나 쉽게 이해할 수 있도록 맛깔스럽게 구성하였습니다. 거기에 역사적 사건이나 당시의 상황을 뒷받침하는 풍부한 자료들을 덧붙여 먼 과거의 숨결이 살아 있는 듯 생생한 감동을 불러일으킵니다. 각각의 주제마다 모든 분야의 최고 전문가들이 하나하나 정성을 기울인 작품입니다.

**첫째** 지식 교양의 기초가 되는 신화, 역사, 문화, 인물의 발자취가 가득합니다.

로마, 율리시스, 이집트 신, 노예, 해적, 클레오파트라와 같은 인류 역사의 커다란 쟁점들을 사실적으로 재현하여, 놀라운 지식들을 경험할 수 있는 세계로 안내합니다.

**둘째** 어렵고 딱딱한 역사 지식을 전설이나 신화 같은 이야기로 흥미롭게 전달합니다.

쉽고 간결한 이야기체 구성으로 초등학생부터 청소년, 학부모에 이르기까지 누구나 단숨에 읽고, 쉽게 공감할 수 있습니다.

**셋째** 역사적 사실과 상상력을 바탕으로 한 구체적인 정보를 알차게 실었습니다.

이야기 중간 중간마다 그 당시의 역사적 사실과 배경 지식을 알 수 있는 다양한 사진이나 그림, 기록물을 꼼꼼히 넣고, 백과사전 같은 설명을 곁들여 학습 효과를 높여 줍니다.

**넷째** 원작이 주는 고유의 분위기나 상황을 충실히 살렸습니다.

지금까지 알려진 여러 가지 이야기 중에서도 가장 원전에 가까운 설화와 번역본, 문체까지 충실히 살려 독자들에게 정확한 교양 지식 길라잡이가 됩니다.

**다섯째** 학생들의 교과 과정과 관련 있으면서도 교과서에 나오는 내용 이상의 필수 지식이 실려 있습니다.

이 책은 교과서의 단편적인 내용을 보다 입체적으로 새롭게 보여 줍니다.

그 밖에도 《프랑스 갈리마르 인물역사 총서》가 주는 매력은 한두 가지가 아닙니다. 우리가 모르고 그냥 지나쳤던 역사의 수많은 발자취를 새롭게 발견할 때의 기쁨이란 이루 말할 수 없습니다. 그 기쁨의 주인공은 이제 여러분입니다.

이 책을 읽으면서 우리가 알고 있는 세계 역사와 문화를 보다 다양하고 입체적으로 바라볼 줄 아는 지혜를 얻길 바랍니다.

---

**일러두기**
① 국립국어원의 표기법에 따르며, 인명·지명은 되도록 해당 지역의 표기법에 따르도록 노력하였습니다.
② 세계 설화의 원문을 객관적으로 충실히 반영하여 독자에게 정확한 사실을 전달하는 것을 원칙으로 삼았습니다.
③ 어린 독자들에게는 좀 어려운 어휘 구사(반복, 비교 따위)를 고려하여, 완전히 각색하지 않고, 가급적 눈높이를 맞추도록 하였습니다.

 차례 contents

독수리의 죽음 10

포도달 장군 22

아르콜레 다리 36

이집트의 신기루 50

알렉산더 대제인가, 카이사르인가? 62

제1통령 74

두 번의 대관식 86

불행한 전쟁 100

독수리의 추락 112

유배와 전설의 시기 124

8 1811년의 프랑스 대제국

20 나폴레옹의 파리

34 프랑스 혁명과 총재 정부

48 상징화된 나폴레옹

60 이집트 원정

72 군대

84 통령 정치 시대

98 대관식

110 저항

122 러시아 원정

132 나폴레옹에 대한 추억

134 역사에서 전설로

## 1811년의 프랑스 대제국
1810년부터 1812년까지 프랑스는 유럽에서 최고의 전성기를 누렸다.

# 독수리의 죽음

'**나폴레옹이 죽었다***'는 소식에 내가 넋이 나갈 거라고는 전혀 생각하지 못했다. 이제 모험은 끝났으며, 상처는 아물었다고 여긴 나였다. **여섯 해 전부터*** 그 없이도 살 수 있다는 걸 시간을 두고 배운 우리가 아니었던가? 전에는 열광했지만, 끝내는 그토록 증오했던 떠들썩한 전쟁에서 멀찌감치 물러나 조용히 늙어 가던 내가 아니었던가?

나는 믿어 의심치 않는다. 머나먼 바위섬에서 나폴레옹이 서서히 맞이한 최후가 영웅적인 서사시에 화려한 빛을 돌려 주었으리라는 것을 말이다. 오늘날 20세는 꿈꾸기에 좋은 나이도 아니고, 그 나이에 맞이하는 삶은 음울한 잿빛으로 보일 수도 있다는 걸 나도 안다. 더는 전투를 벌이지 않는 군대에 들어가고, 관공서에서 경력을 쌓고, 잠에

**나폴레옹이 죽었다**
나폴레옹은 1821년에 사망했다.

**여섯 해 전부터**
나폴레옹은 1815년에 권력의 자리에서 물러났다.

빠진 듯한 도시의 파수꾼 노릇이나 하게 되는 것이다.

하지만 영웅의 전기에 사로잡힌 젊은이들은 전투가 끝난 뒤의 전장이 어떠한지 알고 있지 않은가? 자기보다 앞서 태어난 이들이 꽃다운 나이에 끔찍한 고통 속에서 죽어 가는 걸 나처럼 보지 않았던가? 병사들의 약탈과 폭력이 어떠한지 잘 알고 있지 않은가? 해마다 출정해서 다시금 강행군으로 유럽을 가로질러야 했다. 해마다 위대한 인물이 신병*들 중에서 필요한 병력을 뽑아 갔다. 노병이 된 나는 신의 없는 알비옹*을 쳐부수겠다는 대장 자신만의 집념을 충족시키기 위해 갓 훈련받은 햇병아리들이 총알받이가 되는 것을 똑똑히 보았다.

황제는 죽었고, 이 사실만이 그나마 어지러운 내 마음을 가라앉혀 준다. 나폴레옹이 마지막 숨을 거두는 순간을 결코 생각해 보지 못했다. 그는 머나먼 대서양의 유배지*에서 생을 마쳤다. 그의 병사였던 우리들이 조국 땅에서 생을 마쳐 가고 있듯이 말이다. 우리는 함께 늙어 가고 하나둘 사라져 갔지만, 나폴레옹의 심장이 뛰는 동안은 무언가가 영웅의 서사시를 지켜 주었다. 세인트헬레나 섬에 그가 살아 있다는 사실이 우리의 기억이 진실이라는 걸 증명해 주었다. 그가 사라지자, 마치 모든 것이 한낱 꿈이었던 것

---

**신병**
새로 소집된 병사.

**신의 없는 알비옹**
경멸의 뜻이 담긴 영국의 별칭.

**유배지**
나폴레옹은 남대서양의 외딴섬인 세인트헬레나에서 죽었다.

처럼 대수롭지 않은 일이 되어 버렸다. 나의 역사가 여기서 멈춘 듯 당황스럽다.

  온종일 나는 여름의 열기 속에 구경꾼이 되어(난 사실 유령이다.) 파리 거리를 돌아다녔다. 카페 테라스에 시끄럽게 무리 지어 있는 사람들을 지켜보았다. 그들은 신문을 놓고 소리 높여 말하고 있었다. 아마도 어떤 이들은 불온한* 외침에 대해 깊이 생각하고 있었을 것이다. 예전에 황제의 동상이 서 있던 방돔 기둥 발치에 몇몇 사람들이 화환을 내려놓는 모습이 보였다. 튈르리 공원에서 나는 평소처럼 귀족들과 마주쳤다. 그들은 정복지를 누비듯이 늘 고개를 높이 쳐들고 몸을 꼿꼿이 세운 채 잘난 척하며 걸었다. 귀족들이 망명지*에서 돌아온 나라는 오직 패배한 프랑스뿐인데 말이다. 나는 귀족들이 "보나파르트 각하!"라고 부르며 빈정거리는 태도를 결코 참을 수가 없었다. 얼마나 어처구니없는 일인가! 그들이 비웃는 보나파르트가 혼자 힘으로 프랑스라는 나라를 15년이 넘도록 힘겹게 이끌어 왔다는 것을 정녕 모른단 말인가?

  여러 모습이 내 머릿속에서 한데 뒤섞였다. 이탈리아에서 군대를 격려하던 젊은 장군, 아우스터리츠 전투 때의 작은 우두머리*, 참담한 기분으로 러시아에서 철수하던

---

**불온한**
'반란을 일으킬 준비가 되어 있는' 이라는 뜻.

**망명지**
프랑스 혁명기 동안에 귀족들은 외국으로 망명했다. 어떤 귀족들은 나폴레옹이 몰락한 뒤에야 프랑스로 돌아왔다.

**작은 우두머리**
나폴레옹의 별명.

과묵하고 배가 불룩한 군주. 바로 얼마 전의 일인 것처럼 한 사람의 인생이 순식간에 파노라마처럼 스쳐 지나갔다.

보나파르트라는 이름을 언제 처음 들었는지는 잘 모르겠다. 확실한 것은 툴롱 공략* 때 젊은 군인이 그에 대해 말하기 시작했다는 것이다. 보나파르트의 침착함과 결단력은 당시 가장 노련한 장교들에게도 깊은 인상을 남겼다. 보나파르트는 정박지*를 장악하고 영국인들을 그곳에서 몰아내려면 '바늘 끝'을 쥐어야 한다는 것을 단번에 깨달았다. 전투는 힘겨웠지만 보나파르트는 용맹하게 전투를 지휘했고, 몇 군데 부상을 입기도 했다.

그런데 내가 기억하기에, 당시 파리에서 화제가 된 것은

**툴롱 공략**
1793년에 영국인들한테서 툴롱을 되찾은 것을 말한다.

**정박지**
배가 안전하게 머물 수 있는 해안 지역.

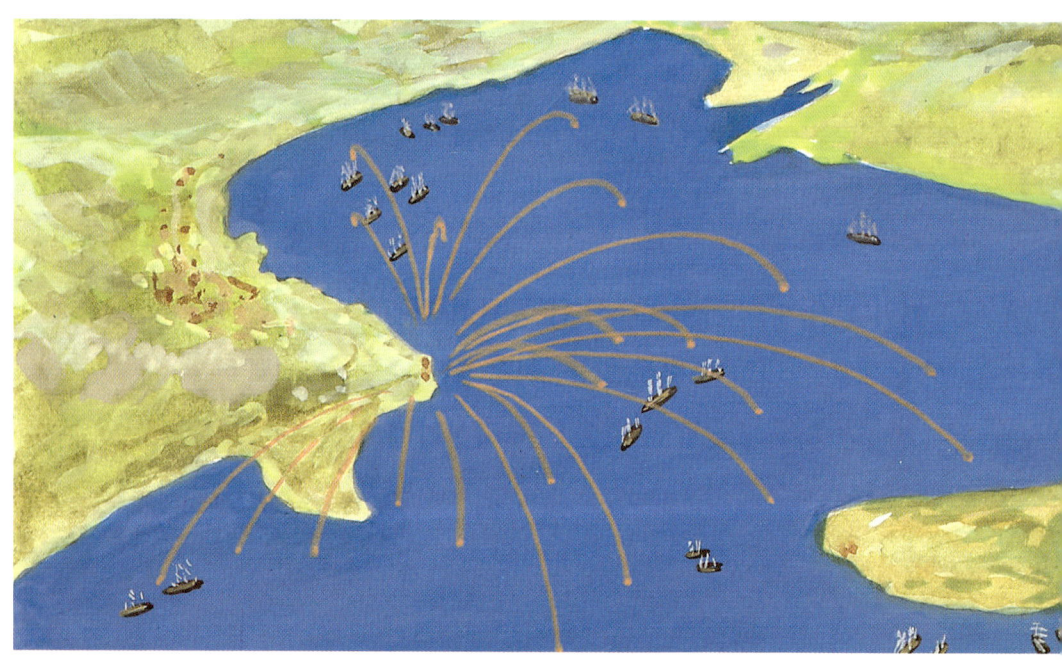

보나파르트가 아니라 뒤고미에 장군*이었다. 대중의 눈에 비친 뒤고미에 장군은 군대의 승리를 굳건히 다진 용맹한 사람이었다. 이렇게 말하는 것은 뒤고미에의 부하들에 대해 모르기 때문일 것이다. 아니면 그들의 공을 알면서도 부당하게 말할 수밖에 없었는지도 모른다. 전쟁 때 쌓은 공훈의 영광은 병사들보다는 우두머리에게 돌아가게 마련이다. 그렇다고 해서 반대로 승리가 보나파르트 한 사람에게 달려 있었다고 단정지을 수도 없다. 대개 군사 활동은 복합적이고, 조금이라도 질서를 잡기 위해선 때로 상징이 될 만한 무훈*이나 한 개인이 부각될 수밖에 없다. 전쟁이라면 알 만큼 아는 나이기에, 가장 멋진 승리에는 어떤 아름다운 이야기가 섞여 있다는 것도 알고 있다. 사람들의 입

**뒤고미에 장군**
툴롱 공략 때 활약한 혁명 장군.

**무훈**
전쟁에서 세운 공적.

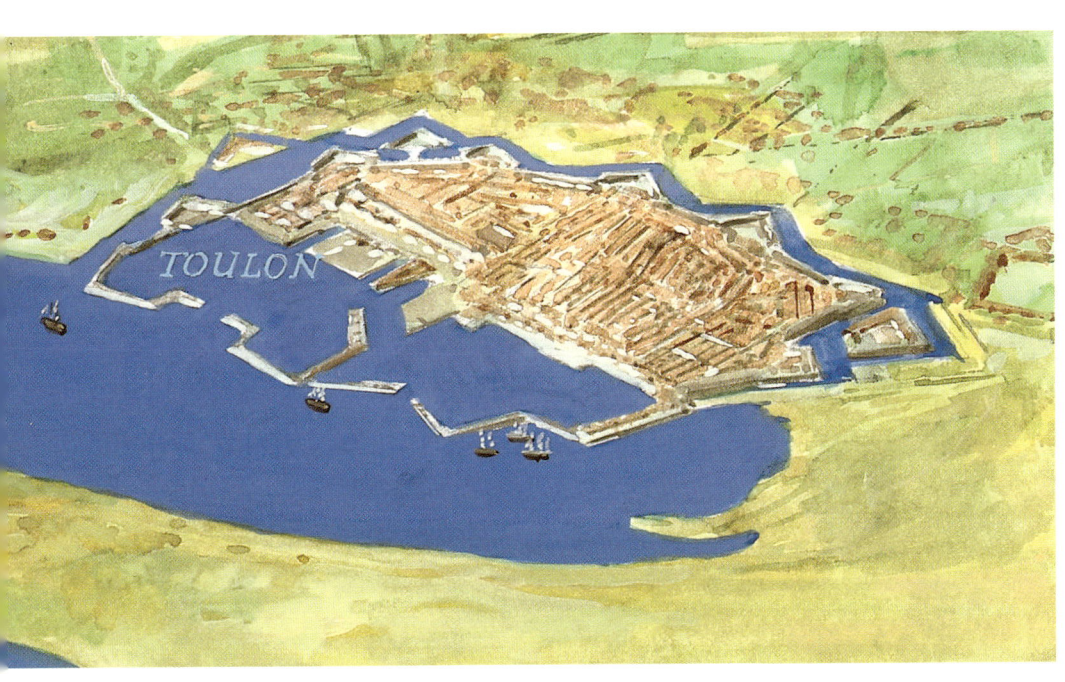

에 오르내리는 일화와 교묘하게 부각된 무훈이나 명성은 언제나 화제의 대상과 같게 마련이다. 그 후로 나폴레옹 보나파르트가 영광의 절정으로 발돋움하자, 그의 지나간 삶의 매 순간이 온갖 미화*와 과장의 소재가 되었다.

그렇다면 나폴레옹의 어머니 레티지아가 1769년 8월 15일, 성모마리아 승천일 미사 때 분만의 첫 진통을 겪은 뒤 침실로 갈 경황이 없어 고대 영웅들의 위대한 초상들로 장식된 양탄자 위에서 아들을 낳았다는 걸 정말로 믿어야 할까? 나폴레옹이 유년 시절에 싸움을 잘하고, 우기기 좋아하는 독선적이고 거만한 소년이었다는 것도 믿어야 할까?

사람들은 브리엔 군사 학교에서 일어난 일화에 대해 이야기했다. 코르시카 청년인 나폴레옹의 아버지는 아들을 브리엔 군사학교 기숙사에 보냈다. 눈이 펑펑 내리던 어느 겨울날, 보나파르트는 작은 요새를 세우는 것을 지휘했고, 그 뒤엔 역할이 바뀌어 돌격을 명령하는 지휘관이 되었다. 사람들이 상상하듯 미래의 위대한 군인에게 걸맞은 성공도 거머쥐었다. 아마도 이 이야기는 의심할 여지가 없을 것이다. 그런 활약쯤은 수많은 젊은이들 모두가 할 수 있는 행동이기 때문이다. 하지만 오늘날 그런 이야기는 나폴레옹은 역시 나폴레옹이었음을 보여 주는 거라고 사람들

**미화**
아름답게 꾸밈.

**아테나**
그리스 신화에 나오는 전쟁과 지혜의 여신.

**알렉산드로스**
기원전 356년~기원전 323년. 알렉산더 대제. 그리스의 정복자.

**플루타르크**
50년~125년경. 그리스의 역사가.

**오슈**
1768~1797. 프랑스의 장군.

**앙시앵 레짐**
프랑스 혁명 때 타도의 대상이었던 이전의 체제를 말한다.

은 생각한다. 제우스의 머리를 하고 태어난 아테나*처럼 위인은 모든 것을 갖추고 태어나기라도 하는 것처럼 말이다. 카이사르나 알렉산드로스*의 생애는 기적과 전설 같은 사건들로 이뤄져 있다. 플루타르크*를 즐겨 읽은 보나파르트가 자기 자신에게 영웅적인 이미지를 불어넣어, 자신의 위대한 전설을 만들어 내려고 부단히 노력했음을 나는 의심하지 않는다.

보나파르트의 이력이 눈부시게 시작되었다는 것은 아무도 부정하지 않을 것이다. 24세의 나이에 이미 장군이었으니까 말이다! 하지만 그렇게 높이 올라설 수 있었던 것은 모두 혁명 덕분이었다는 걸 떠올려야 한다. 혁명이 일어나자 귀족들은 외국으로 도망을 쳤고, 군대에는 우두머리들이 남아 있지 않았다. 그 당시는 우연이든 능력이든 앞으로 나선 모든 이들이 단시간에 진급할 수 있었다. 그렇게 해서 오슈*는 25세에 모젤의 군사령관이 되었다. 그러한 사람들은 두말할 것 없이 지휘권을 가질 자격이 있지만, 어쨌든 그때의 사건들이 그들에게 도움이 된 건 사실이다. 카르노는 보나파르트만큼 재능이 뛰어났지만, 귀족만이 군대에서 경력을 쌓을 수 있었던 1753년 앙시앵 레짐* 시대에 공증인의 아들로 태어난 까닭에 36세의 나이에도 고작 대위였다.

　안타깝게도 혁명은 진급의 속도에만 박차를 가한 게 아니었다. 숱한 사람들의 목숨을 앗아 갔다. 1794년, 며칠간 붙잡혀 있었던 보나파르트는 분명 단두대 칼날의 매서운 바람을 두려워했다. 사실 동지인 로베스피에르*에 대한 우정 때문에 보나파르트는 '청렴한 자*'의 몰락 때 반혁명 세력에 들게 되었다. 결국 보나파르트는 조국과 혁명에 대해 충성을 맹세한 뒤에야 풀려났다. 하지만 당시 사건들은 보나파르트를 맹렬히 추격하는 듯했다. 보나파르트는 방데*에 있는 여단의 사령관 직을 제안받았다. 하지만 끔찍한 내전에 휘말리고 싶지 않았을 것이다. 상대가 아무리 왕당파라 해도 영광은 자기들끼리 싸워서 얻어지는 게 아니기 때문이다. 따라서 젊은 장군은 휴직을 요청했다. 그렇게 영광은 슬그머니 자취를 감추어 버렸다.

**로베스피에르**
1758~1794. 급진적인 자코뱅 당의 지도자. 1793년부터 1794년까지 프랑스 혁명을 지휘한 주동자.

**청렴한 자**
정직하고 공정한 사람이라는 뜻. 로베스피에르의 별명.

**방데**
이곳에서 반혁명 세력인 왕당파들의 반란을 진압하기 위한 전투가 벌어졌다(1793~1796).

"**내가** 프랑스의 주인이라면 파리를 과거에도 현재에도 가장 아름다울 뿐만 아니라, 앞으로도 가장 아름다운 시로 만들고 싶다." 이집트 원정 길에 보나파르트는 파리의 모습을 새롭게 할 것을 꿈꾸었다. 통령에 이어 황제가 된 그는 수도 파리에 자신의 흔적을 새겨 놓았다.

▲ 에투알 광장의 개선문

**에투알 광장의 개선문**
"그대들은 오직 개선문을 지나 가정으로 돌아가게 될 것이다." 나폴레옹은 아우스터리츠 전투가 끝난 뒤에 이렇게 선언했다. 에투알 광장 자리는 튈르리 궁전의 황궁에서 멋진 전망을 볼 수 있도록 샹파니가 제안했다. 샹파니는 덧붙이기를, "개선문은 파리에 들어오는 관광객의 감탄을 자아낼 것이다."라고 말했다. 개선문의 실물 크기 모형은 나폴레옹과 마리 루이즈의 결혼식 때 실물로 만들어졌고, 한참 뒤인 루이 필립 왕 시대에야 완성되었다.

▲ 바스티유 광장의 코끼리 분수 모형도

### 카루젤 개선문

통령 정치기의 뒤를 이은 제정기에 나폴레옹의 군사 체제는 고대 로마 문명의 계보를 이어, 개선문과 기념비 같은 고대 로마의 상징적인 기념물들을 재현해 놓았다. 튈르리 궁전 정면에서 또렷이 보이는 카루젤 개선문은 펜싱의 엄격한 제7자세를 하고 있는 사람한테서 영감을 얻은 것으로, 오스트리아 원정을 기리는 것이다. 꼭대기는 바실리카 양식으로 지어진 생 마르크 성당의 네 마리 말로 장식되어 있는데, 말들은 베네치아에서 보나파르트가 압수한 것이다. 황제가 수레에 자신의 조각상을 넣는 걸 거부한 까닭에 말들이 끄는 수레는 비어 있다.

### 방돔 기둥

적에게 빼앗은 포들과 함께 세워진 트라야누스 원주(로마 전승 기념비)에서 영감을 얻은 방돔 기둥은 아우스터리츠 전투를 기리는 것이다. 기둥의 맨 위에는 황제의 동상이 세워져 있었으나, 나폴레옹의 몰락 때 동상은 땅바닥으로 내동댕이쳐졌다.

▲ 카루젤 개선문. 제정 시대의 열병식

예전에 황제의 동상이 서 있던 방돔 기둥 발치에 몇몇 사람들이 화환을 내려놓는 모습이 보였다.

◀ 방돔 광장의 전쟁 기념주

### 바스티유 광장의 코끼리

코끼리의 회반죽 모형만이 세워졌다. "그것은 눈에 보이지 않는 바스티유의 유령 옆에 서 있는, 눈에 보이는 뭔지 모를 강력한 유령이었다." (빅토르 위고 《레 미제라블》 중에서)

# 포도달 장군

언젠가 프랑스의 절대 군주가 될 그를 처음 보았을 때, 그는 비정한 운명과 인간의 불행을 형상화한 어느 소설에서 튀어나온 인물처럼 느껴졌다.

1795년 5월의 어느 날, **팔레 루아얄**\*의 정원에서 있었던 일이다. 나처럼 휴직을 한 친구와 막 점심을 먹고 난 후, 따뜻한 봄볕 아래서 파이프 담배를 피우며 얘기를 나누고 있을 때였다. 친구와 나는 한 젊은이와 마주쳤다. 창백한 얼굴에 머리는 어깨까지 내려오고, 몸서리쳐질 만큼 깡마른 몸에 다 낡고 해진 프록코트를 걸친 젊은이였다.

아마 대도시에서 길을 잃은 시골뜨기이거나, 학위 받을 날을 고대하며 라틴 구역의 방 한 칸에서 근근이 살아가는 가난한 대학생처럼 보였다. 당시는 어려운 시절이라 파리에는 모든 것이 부족했고, 친구들끼리 모일라치면 각자 알

**팔레 루아얄**
몰리에르의 17세기 연극으로 가장 유명한 파리의 극장. 나중에는 황실 소유가 되어 황실의 여흥을 위한 장소로 쓰였다.

아서 먹을 걸 가져왔다.

그 젊은이 곁을 지나쳐 온 뒤에 친구가 말했다.

"저 친구를 알지. 얼마 전 친구네 집에서 함께 저녁을 먹은 적이 있어. 동생 루이와 함께 왔는데, 둘 다 검은 빵을 팔에 끼고 앉아 음울한 눈으로 사람들을 훑어보더군. 처음에는 함께 저녁 먹는 사람들을 하나하나 평가라도 하듯이 침묵을 지키더니 마침내 첫 마디를 뗐어. 툴롱을 공략한 이야기가 나오자 그제야 생기가 돌지 뭐야. 우리는 가장 놀라운 일화에 대해 이야기했다네. 평소에는 더없이 용맹했으나 포격이 떨어지자 하얗게 질려서 몸을 부들부들 떨던 어느 젊은 장교에 대한 이야기였지. 장교는 포탄이 떨어질 거라는 말에도 빨리 피하려하지 않고 몸을 웅크리고 있다가 그만 몸이 두 동강이 난 채로 발견되었다네. 자네가 믿을지 모르겠지만, 글쎄 젊은이는 그 끔찍한 얘기를 웃음을 터뜨리며 하지 뭔가! 참 이상한 것은 그를 극장에서 두 번 더 보았는데 거기서는 통 웃지를 않는 거야. 그런데 그곳을 자주 드나드는 것 같더군. 참으로 묘한 사람이야."

내 친구는 고개를 갸웃거리며 말을 맺었다.

"이름이 뭐라던가?"

"나폴레옹 보나파르트라고 했던 거 같아. 그의 얘기를 들어 보니, 영국인에게 빼앗긴 툴롱을 자기 혼자 힘으로 되찾았다더군. 그러고는 우리에게 이탈리아 공격 지도를 보여 주었네. 다른 사람이 보기에는 웃음거리가 될 만한 일이었지. 하지만 내가 장담하건대, 그 젊은이의 태연하고도 의연한 태도는 그 자리에 모인 사람들 모두에게 깊은 인상을 주었네. 분명 크게 될 인물이야."

내 친구가 사람을 잘못 보지 않은 것 같다. 그해가 저물기 전 보나파르트가 프랑스 군대를 지휘하고, 사륜마차를 굴리고, 파리 상류 사회의 특권층과 교류하게 되었으니까 말이다. 바야흐로 '포도달*'이 되었던 것이다.

저마다 1795년 10월의 그 사건*을 기억하고 있다. 당시 왕당파는 반란을 시도했고, 그 반란이 진압된 뒤에 총재 정부*가 위태롭게 들어섰다. 보다 빨리 행동해야 했다. 바라스*는 질서를 유지하기 위해 일자리를 잃은 장교들을 수소문했다. 보나파르트는 유리한 자리에 있었고, 제안을 받아들였다.

나는 튈르리 궁전에 대포들을 가져다 놓기 위해 뮈라*의 명령 아래 사블롱 전장으로 대포들을 찾으러 갔던 이들을 기억한다. 나도 그들 중 하나였다. 혁명이 다시 도마 위에

**포도달**
프랑스 공화력의 제1월. 9월 22(23, 24)일부터 10월 21(22, 23)일까지이다.

**그 사건**
포도달 13일의 반란을 말하는 것으로, 나폴레옹은 국민공회 방위군 부사령관으로 왕당파의 반란을 진압했다.

**총재 정부**
프랑스 혁명기의 정부. 1795년 11월부터 1799년 11월까지 3년간 존속했다.

**바라스**
1755~1829. 총재 정부에서 세력을 떨친 정치가.

**뮈라**
1767~1815. 프랑스의 기병대장. 나폴레옹이 영웅적인 무훈을 쌓는 데 기여한 원수들 중 하나였다.

**국민공회**
1792년 9월 20일부터 1795년 10월 26일까지 프랑스를 통치했던 혁명 의회.

오르는 것을 봐야 할지도 모를 일이었다. 국민공회*를 위협하는 수천만의 사람들이 있었다.

　보나파르트의 결단력이 그날 승리의 주요한 역할을 했다는 것을 나는 의심하지 않는다. 그는 도시 중심부를 장악하기 위한 가장 확실한 방법으로 대포들을 배치시켰고, 결정적인 순간에 맹렬한 포격을 퍼부어 반란자들을 완전히 눌러 다시는 힘을 모으지 못하게 만들었다. 희생자의 수가 얼마나 되는지 정확히 말하기는 어렵지만, 아마도 몇백 명쯤 될 것이다.

　그 대신 당시에 떠돌던 한 가지 소문에 대해서는 분명히 밝힐 수 있다. 오늘날에도 여전히 뿌리 뽑히지 않은 그 소문에 따르면, 보나파르트가 생 로슈 성당의 계단에 모인 왕당파들을 향해 대포를 쏘았다는 것이다. 하지만 그 당시 나는 사격 소리를 똑똑히 들었다. 보나파르트 장군이 의도적이고 조직적으로 학살을 저질렀을 거라는 생각은 순전히 거짓이다.

　'포도달 장군*'의 명성에 흠집을 내려는 데서 나온 소문인 것이다. 그 사건 뒤에 나온 이러한 논란쯤은 웃어넘길

**포도달 장군**
나폴레옹의 별명.

수 있다. 어떤 사람들은 보나파르트가 도살자나 다름없다고 떠들어 댔다. 바라스는 승리의 월계관을 차지하려는 욕심에 부하인 보나파르트는 사령부에서 꼼짝도 하지 않았다고 주장했다. 물론 보나파르트도 자기가 한 일에 살을 덧붙였다. 자기 곁에서 싸우라고 요구하는 바라스에게 보나파르트가 이렇게 말했다고 한다.

"장군, 그렇게 하겠습니다. 하지만 칼집에서 검을 뺀 뒤에는 질서를 바로 잡은 다음에만 도로 집어넣을 거라는 걸 미리 말해 두는 바입니다."

하지만 얘기는 그렇게 흘러갔고, 사람들은 이런저런 말들을 수군거렸다. 그러나 보나파르트가 그날 얻은 이득은 그야말로 대단했다. 곧바로 국민방위군 사령관이 되었으니까 말이다. 그때부터 국민방위군 사령관으로서 그는 4만 명의 군사를 지휘하게 되었는데, 그중 1만 5천 명의 병력은 파리와 생 클루 성에 있었다. 도시는 군사 주둔지로 변했다. 병사들은 주요 거점을 차지하듯 튈르리 궁과 의회를 사방으로 에워쌌고, 순찰대가 곳곳을 돌았다. 질서가 다시 자리를 잡았다.

이러한 군대 덕분에 그해 겨울 동안 파리 시가 숱한 어려움을 버텨 낼 수 있었다. 경제 상황은 여전히 형편없었다.

먹을 빵은 바닥났고, 땔감이 없었으며, 일자리를 잃어버린 사람들이 폭동을 일으킬 위험이 있었다. 보나파르트는 민심을 가라앉히기 위해 다시 한 번 거리에서 시민들에게 연설을 해야 했다. 그가 얼마나 군중을 두려워하고 혐오했는지를 아는 모든 사람들이 보기에, 그의 행동에는 분명 자신의 감정을 억누르려는 노력이 엿보였다. **튈르리 궁 점거\*** 사태와 궁전에 난입한 군중에게서 넘쳐나던 증오를 목격한 기억 탓일 것이다.

  2월의 어느 날, 나는 튈르리 궁전에서 멀지 않은 곳에서 보나파르트 장군을 두 번째로 언뜻 보았다. 팔레 루아얄에서 우연히 마주친 뒤로 몇 개월 지나지 않은 때였다. 그러나 처음 보았을 때의 그가 아니었다. 비록 프록코트는 더 낡았지만, 당시 흔히 입던 정장에 삼색 허리띠를 두르고 있었고, 깃털 달린 모자는 미치 거대한 새와도 같은 놀라운 풍모를 더해 주었다.

  얼굴도 뭔가 변해 있었다. 불안하던 눈빛은 좀 더 차분해지고, 걸음걸이도 씩씩하고 의기양양해 보였다. 그는 뒷짐을 진 채 몸을 가볍게 앞으로 내밀며 걸어가고 있었다. 그의 신발이 포석 깔린 길을 딱딱 울렸다. 그날 내 눈에 들어온 그 남자는 자신감에 가득 차 있었다. 그의 온몸에서 위

---

**튈르리 궁 점거**
1792년 8월 10일, 군중이 루이 16세가 머무는 궁전을 공격했고, 그로써 입헌군주제는 막을 내리게 된다.

력 넘치는 모습이 배어 나왔다. 그것은 그가 앞으로 간직하게 될 모습이었다.

　결정적으로 모든 것이 이 대단한 장교에게 좋은 결과를 가져다 주었다. 보나파르트는 바로 얼마 전 한 여인을 알게 되었다. 공포 정치* 말기부터 파리의 사교계를 주름잡던 여인들 중 하나였다. 꽃다운 나이는 지난 듯했지만, 그녀는 뭐라 말할 수 없는 묘한 매력을 풍겼다. 보나파르트는 며칠 뒤에 그녀와 결혼했다. 그녀는 혁명에 휘말려 처형당한 보아르네 백작의 이혼녀인 조제핀 타셰르 드 라 파주리였다. 아마도 심술궂은 사람들은 그 결혼을 두고 말들이 많았을 것이다. 남자들이 유혹하기 쉬운 바람둥이로 소문난 그녀인지라, 보나파르트도 어렵지 않게 그녀를 차지했을 거라고 말이다.

**공포 정치**
공권력으로 탄압을 일삼던 혁명기(1793~1794).

　당시 파리 상류 사회에서는 한가로이 노닥거리며 시간을 보내는 걸 퍽이나 즐겼다. 심지어는 로베스피에르가 죽은 뒤에 '희생자들을 위한 무도회'라는 이름으로 저녁 파티를 열었다고 한다. 그 무도회에 참석하려면 단두대에서 죽은 형제나 남편이 있다는 걸 증명해야만 했다. 조제핀은 나폴레옹 보나파르트와 결혼해서 행실을 고치기 전까지는 파티의 여왕이었다. 나폴레옹은 그녀를 성공하도록 만들

었지만, 나중에는 절망을 안겨 주게 된다.

바라스에 이어 이제는 조제핀이었다. '포도달 장군'은 그때부터 단단한 인척 관계를 마음껏 이용하게 된다. 인척 관계 없이는 어떠한 경력도 제대로 쌓을 수 없었다. 결과는 곧 나타났다. 1796년 3월 말, 이탈리아 군대의 사령관으로 임명된 보나파르트가 지휘권을 행사하기 위해 니스에 도착한 것이다.

그에게 맡겨진 군대는 초라하기 짝이 없었다. 포병대도 기병대도 없는 것이나 마찬가지였다. 마세나*와 같은 경험 많은 노장들은 파리에서 파견된 이 젊은 장군을 의혹*을 품고 기다리고 있었다.

보나파르트는 군대의 사기를 북돋우기 위해선 어떤 말을 해야 하는지 알았다. 하지만 사실 후대에 기억될 만한 유명한 연설은 훗날 세인트헬레나 섬에서 만들어진 것이다.

"병사들이여! 그대들에게는 신발도 옷도 셔츠도 없고, 빵은 거의 바닥났다. 이렇게 우리의 가게들은 텅 비어 있는데 적의 가게는 온갖 것들로 넘쳐난다. 그것들을 차지하는 것은 그대들의 몫이다. 원하면 반드시 얻을 것이다. 자, 떠나자!"

5월 이후, 롬바르디아와 피에몬테*는 정복되었다. 일개

---

**마세나**
1758~1817. 프랑스 혁명과 나폴레옹 전쟁 때 크게 활약했다.

**의혹**
믿지 못하는 마음.

**피에몬테**
이탈리아 북서부 지방.

병사들에게 목숨 걸고 뛰어들 만한 가치 있는 단 한 번의 모험이란, 자신의 의지로 세상을 다스리는 듯 보이는 보나파르트 장군 곁에 있는 것이었다. 나는 그의 군대로 다시 들어갈 수 있기를 바랐고, 곧 이탈리아로 배속*을 받았다. 그때부터 내 인생에서 군인으로서의 가장 흥미진진한 승부가 시작되었다.

**배속**
사람을 어떤 곳에 배치하여 종사하게 함.

**보나파르트**는 빛의 계승자인 동시에 루소를 즐겨 읽는 독자였고, 혁명의 아들이며, 자코뱅 당의 측근이었고, 제자리를 찾은 질서를 기반으로 자신의 합법성을 확립한 야심찬 군인이었다. 그의 동생 뤼시앵 보나파르트는 이렇게 선언했다. "안개달 18일이 7월 14일의 작품을 완성했다."

### 1789년
혁명은 제헌 국민의회 의원들로 구성된 삼부회를 통해 시작되어, 7월 14일의 바스티유 감옥 점거 사태, 8월 4일 밤의 특권층 폐지로 이어진다. 이것은 앙시앵 레짐의 몰락이었다.

▲ 조제핀(1763~1814)

▲ 로베스피에르의 초상화

### 조제핀
마르티니크 섬의 하급 귀족 가문에서 태어났으며, 보아르네 백작과 결혼해 두 아이를 두었다. 공포 정치 때 감옥살이를 했고, 통령 정치기에는 파리 사교계의 여왕으로 군림했다. 바라스의 옛 연인이었고, 1796년에 보나파르트와 재혼해 1804년에는 프랑스 황후의 자리에 올랐다. 다시 이혼한 뒤에는 말메종에 은둔하였다.

### 로베스피에르
삼부회의 아라스 의원이자 공안위원회 구성원으로, 혁명의 '성스러운 원칙'을 지킨 열성적인 변호사인 그는 공포 정치의 대명사가 되었다.

### 제1공화국
입헌군주국이 잠시 들어선 뒤에, 튈르리 궁이 점거되고 루이 16세가 폐위(1792년 8월 10일)된 사건은 공화국이 들어설 거라는 걸 예고하고 있었다. 혁명군의 첫 승리인 발미 전투(1792년 9월 20~21일)가 끝난 직후에 공화국이 선포된다.

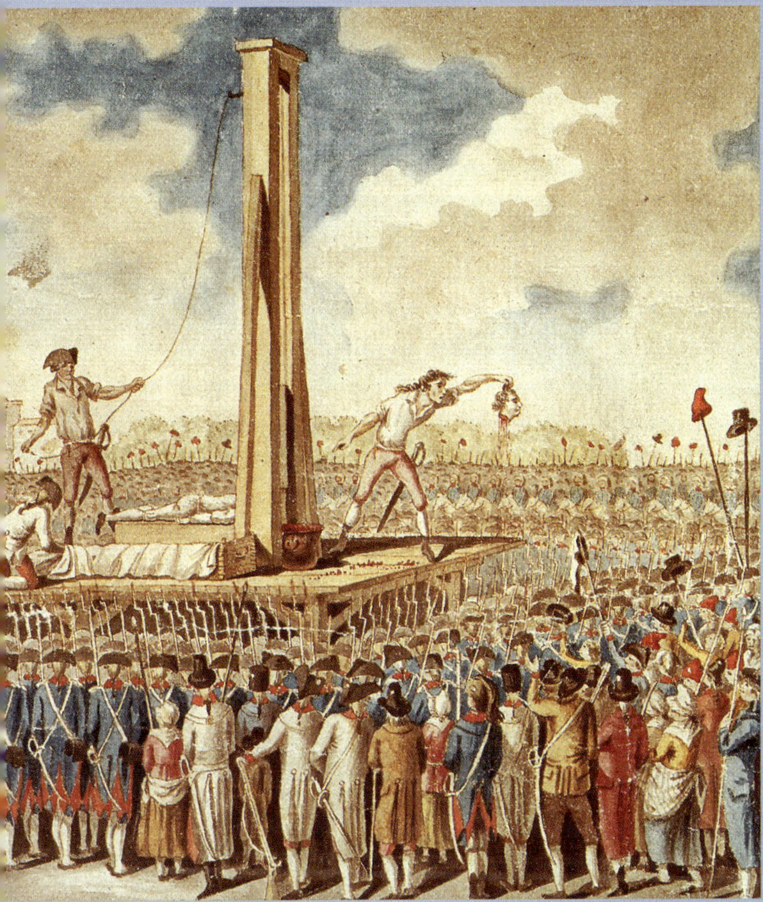

◀ 루이 16세의 비극적 종말

### 루이 16세의 처형

1792년 8월 10일 이후, 루이 16세는 가족과 함께 사원에 감금되었다. 9월에 선포된 공화국은 몰락한 군주에게 내린 불확실한 판결에 문제를 제기했다. 로베스피에르가 보기에 소송이란 말도 안 되는 것이었다. "루이 왕이 무죄로 간주될 수 있다면 혁명은 무엇이 되겠는가? 조국이 살려면 루이가 죽어야 한다." 하지만 루이 16세는 의회에서 재판을 받게 되고, 1793년 1월 21일에 단두대에 올랐다.

**바라스**는 질서를 유지하기 위해 일자리를 잃은 **장교들을** 수소문했다. 보나파르트는 유리한 자리에 있었고, 제안을 받아들였다.

### 바라스와 총재 정부

1794년 7월 27일, 로베스피에르의 몰락은 공포 정치의 종말을 알렸다. 1795년 10월에는 새로운 체제인 총재 정부가 들어섰다. 총재 정부는 혁명의 혁신을 유지하면서도 정치적인 긴장 완화를 원했다. 바라스는 이 체제의 세력가 중 하나였고, 보나파르트는 안개달 18일에 이 체제를 끝내게 된다.

▲ 바라스(1755~1829)

# 아르콜레 다리

나는 5월 20일에 밀라노에 도착했다. 로디 전투에서 승리*를 거둔 지 얼마 지나지 않은 때였다. 보나파르트의 군대는 롬바르디아 주의 수도에서 군중의 환호를 받으며 막 행진을 하고 있었다. 군대 행렬은 포르타 로마나에 세워진 개선문 아래를 지나고 있었다. 당시 전쟁의 목적이 한 지방을 정복해 합병하는 것이 아니라, 89원칙*을 널리 전하기 위한 것이었음은 가슴 벅찬 일이었다. 우리를 반갑게 맞이하는 주민들의 태도를 보며 우리는 죄책감에 시달리지 않아도 되었다. 모든 이들이 오스트리아의 신탁 통치*에서 벗어나게 된 것을 기뻐했다. 도시의 거리마다 활기를 불러일으키는 혁명과 젊음의 숨결이 자유의 향기처럼 퍼져 나갔다. 우리 장교들의 늠름한 모습에 아가씨들이 따뜻한 눈길을 보내 주었다. 장교들은 화려한 조명탄에 자신들의 헐

**로디 전투에서 승리**
이탈리아 원정 때의 주요한 승리(1796년 5월 10일).

**89원칙**
혁명의 이상인 자유, 평등, 우애를 뜻한다.

**신탁 통치**
오스트리아가 롬바르디아 주를 지배한 것을 말한다.

벗은 본모습을 잊고 있었다. 병사들과 아가씨들은 카페에 어울려 앉아 달콤한 아이스크림을 맛보았고, 밤이면 아가씨들의 집으로 가 즐거운 시간을 보냈다. 다시 전쟁이 시작되기 전까지 봄 동안은 사랑에 빠져 있었다.

보나파르트는 자신의 일부 병력을 빼내어 켈레르만*에게 맡기려고 수를 쓰는 총재 정부 때문에 크나큰 궁지에 몰렸다. 그가 단시간에 거둔 승리와 떠오르는 명성 때문에 파리에서 눈총을 사게 된 것이다. 따라서 군대의 총사령관은 보나파르트의 해임을 놓고 저울질을 했다.

"자네의 병력을 분산시켜 자네가 가진 힘을 약화시키지 않겠다면, 안타깝지만 자네는 이탈리아에 법을 부과*할 수 있는 가장 멋진 기회를 잃게 될 걸세. 저마다 전투를 치르는 자기만의 방법이 있는 법! 켈레르만 장군은 경험도 더 많고 나보다도 잘해 낼 걸세. 하지만 두 사람이 함께라면 우리는 훨씬 더 못할 것이네."

보나파르트는 자기 자신을 믿었던 게 틀림없다. 그 무엇도, 그 누구도 자신의 행동을 막지 못할 거라고 확신했다.

전쟁은 곧 다시 벌어졌다. 전투에서의 행운이란 때때로 아주 사소한 일과 관련이 있다는 걸 내가 처음으로 깨달은 것은 아르콜레에서였다. 행운의 별에게 가호를 빌어야 한

**켈레르만**
1735~1820. 전투 경험이 많은 프랑스 장군.

**부과**
일정한 책임이나 일을 부담하여 맡게 함.

다니, 이 무슨 운명의 장난이란 말인가? 우리는 간발의 차이로 우리의 장군을 잃곤 했다.

이틀 전부터 11월의 찬비가 내리는 가운데, 우리는 진창 속을 헤매며 앞으로 나아가고 있었다. 15일 아침, 우리는 알포네라는 강에 걸쳐져 있는 작은 돌다리 앞에 멈춰 섰다. 강 건너편에는 오스트리아 군이 버티고 있었다. 몇 시간째 불꽃 튀는 사격이 계속되어 진군하려는 병사들의 목숨을 앗아 갔다. 도저히 다리로는 건너갈 수 없었다. 장교든 병사든 어느 누구도 더는 위험을 무릅쓰지 않았다. 바로 그때, 갑자기 오주로*가 한 연대의 깃발을 움켜쥐더니 몇 미터 앞에 내리꽂으며 외쳤다.

"정예병*들아, 어서 와서 너희의 깃발을 찾아가 봐라! 단언컨대 아무도 앞으로 나서지 못할 게다."

잠시 후 오주로가 소리쳤다.

"비겁한 놈들, 죽는 게 그리도 두려우냐?"

보나파르트가 끼어든 것은 그때였다. 이번에는 그가 병사들에게 설교를 하고는 깃발을 쥐어 들고 좀 더 앞에 가져다 힘껏 꽂았다. 다리에서 2, 30미터 떨어진 지점이었을 것이다. 보나파르트의 용기와 의지에 힘을 얻은 군대는 북소리에 맞춰 일제히 돌격을 외쳤다. 보나파르트 장군은 강

**오주로**
1757~1816. 이탈리아 원정 때 보나파르트의 곁을 지킨 장군.

**정예병**
특별히 선발된 부대의 뛰어난 병사.

**방파제**
파도를 막기 위해 항만에 쌓은 둑으로, 바다의 센 물결을 막아서 항구를 보호한다.

가의 방파제*를 따라 말을 힘껏 내달렸다. 그런데 총소리에 놀란 말이 뒷발로 서는 바람에 장군은 도랑에 나동그라졌다. 다행히 우리 병사 둘이 그를 질척질척한 진흙탕에서 끌어냈다. 그들이 나서지 않았더라면 장군은 진흙물에 빠져 죽거나 적의 총탄에 벌집이 되었을지도 모를 일이었다. 보나파르트는 간신히 목숨을 건진 것이다.

이튿날, 다시 공격을 개시해야 했다. 적의 공격으로 다리로는 도저히 건널 수 없으리라는 걸 알아차린 장군은 강을 좀 더 멀리 헤엄쳐 건너라고 명령했다. 강물이 차디찼지만

몇몇 병사들은 명령에 따랐고, 그중에는 북 치는 어린 병사도 있었다. 강을 건너 자기네 편으로 적이 도착한 것을 본 오스트리아 군은 후퇴했다. 적의 병사들은 이미 차단된 다리로 허둥지둥 내달리고 있었다. 하지만 아르콜레 늪*에서 적을 완전히 물리치는 데는 하루가 더 걸렸다.

  11월의 전투에서 보나파르트의 결단력 덕분에 군대가 끔찍한 위험에서 살아남을 수 있었다. 적은 우리보다 숫자가 훨씬 많았다. 보나파르트 장군은 적들을 늪으로 끌어들여 옴짝달싹 못하게 만들었다. 그러나 어떤 사람들은 그 때문

**늪**
땅바닥이 우묵하게 뭉떵 빠지고 늘 물이 고여 있는 곳.

아르콜레 다리 ■ 41

에 숱한 아군 병사들이 목숨을 잃었다고 주장하며 보나파르트의 완고함을 비난했다. 하지만 그렇게 떠드는 자들은 아르콜레의 전장에 없었고, 우리가 처한 상황이 얼마나 위험했는지 알지도 못했다. 보나파르트에게 강을 건너는 것 말고는 다른 선택의 여지가 없었다고 나는 믿는다. 그리고 그는 위험을 무릅쓰고 그만의 방식으로 당당히 제 몫을 해낸 것이다.

이런 일도 있었다. 몇 달 뒤에 조제핀이 한 젊은 프랑스 화가를 보나파르트에게 소개했다. 그 화가는 루이 다비드*의 작업실에서 일한 적이 있는 앙투안 그로였다. 그 무렵 앙투안 그로*는 당시 유행대로 이탈리아 화가들의 집에서 교육을 마친 참이었다. 보나파르트와 그로, 두 사람은 각자의 재능을 어떻게 활용할 수 있을지 서로 마음이 통했다. 그때부터 앙투안 그로의 경력은 보나파르트의 행보와 함께 하게 되었다.

아르콜레 다리의 일화를 불멸의 전투로 만드는 것은 앙투안 그로의 몫이었다. 오늘날엔 누구나 알고 있다. 앙투안 그로가 보나파르트 장군을 바람에 머리카락이 나부끼고, 삼색 허리띠를 매고 깃발을 흔들며 다리 위를 달리는 멋진 모습으로 표현하였다는 것을 말이다. 장군은 진격에

**루이 다비드**
1748~1825. 프랑스 혁명기의 이름 높은 화가로, 나중에는 황실의 궁정 화가가 되었다.

**앙투안 그로**
1771~1835. 프랑스의 화가.

나선 군사들을 격려하느라 뒤를 돌아보고 있다. 하지만 우리 눈에 보이는 것은 적과 마주한 고대의 영웅처럼 침착하고 용맹스러운 보나파르트 장군뿐이었다.

이 장면은 웃음을 자아낼지도 모른다. 보나파르트는 아르콜레 다리의 돌바닥을 결코 넘어서지도, 발을 들여놓지도 못했기 때문이다. 보나파르트를 헐뜯기 좋아하는 수많은 이들에게 조롱하기 좋은 건수가 되었을 것이다. 하지만 나로서는 좀 더 신중하고 싶다. 왜냐하면 내가 보기에 그로의 화폭은 사건을 성실히 재현하고 있지는 않지만, 적어도 그 진실만은 전하고 있기 때문이다.

그 가을날, 오직 보나파르트만이 오스트리아 군과 승부를 겨룰 수 있는 유일한 사람이었다는 걸 누구도 부인하지 못할 것이다. 그때 오스트리아 군은 베로나에서 우리 군대를 포위해 전멸시킬 만반의 준비가 되어 있었다. 그로는 보나파르트 장군을 영웅으로 만드는 동시에, 장군의 휘하에 있던 군대 전체에 경의를 표했다. 보나파르트만이 통솔하고 이끌 수 있었던 군대, 수장\*에게 무조건 헌신하고 수장을 위해 목숨을 바친 용감한 병사들의 군대에 박수를 보냈다.

오늘날에도 그 그림\*을 가만히 들여다보고 있노라면 무

**수장**
장수 가운데 우두머리.

**그 그림**
49쪽 그림.

한한 자긍심이 느껴진다. 그야말로 자유의 시절, 어두운 그림자 없는 영광의 시절이었다. 이 열광케 하는 서사시에 드리워진 유일한 그림자라면, 진정 누가 우리가 경탄해 마지않는 뛰어난 장군 역할을 대신해 줄지 모르는 사람들이 많았다는 것이다.

나는 세상 물정*을 잘 알기에, 위대한 군인의 면모* 뒤에 보나파르트의 정치적 야심이 이미 드러나 있었다는 걸 눈치 챘다. 그는 이탈리아의 운명을 총재 정부에 맡기지 않고 그만의 방식으로 결정했다. 그것은 보나파르트가 자신을 주인으로 여기고 있음을 보여 주는 것이다. 오스트리아의 롬바르디아를 치스파나 공화국으로 만든 것은 보나파르트 자신의 생각이었다. 때가 되자, 캄포 포르미오에서 오스트리아와 평화 조약을 맺기로 한 것도 역시 보나파르트의 결정이었다.

나는 때때로 조금 당혹스러운 표현을 내 눈으로 직접 보기도 했다. 보나파르트를 새로운 알렉산더 대제라고 찬양하거나, 다른 몸을 빌려 부활한 샤를마뉴* 대제라고 소개한 이탈리아의 시들을 어떻게 받아들여야 할까? 사람들은 보나파르트에게 월계관을 씌워 주며 격찬했지만, 나는 그 모든 찬사가 사람들의 솔직한 마음에서 우러난 것이라고

**물정**
세상의 이러저러한 실정이나 형편.

**면모**
사람이나 사물의 겉모습. 또는 됨됨이.

**샤를마뉴**
800년 12월 25일에 황제 자리에 오른 프랑크족의 왕.

는 생각지 않는다. 나와 같은 고향 사람들은 우리가 거둔 승리에 대한 보고 내용을 똑똑히 기억하고 있다. 보나파르트는 승전 보고가 언론을 통해 정기적으로 프랑스에 전해지도록 일일이 신경 썼다. 어떤 전보는 보나파르트 장군이 손수 썼다고 비방하는 사람들도 있었다. 하지만 나는 그들의 말이 사실이라는 것을 한순간도 의심하지 않는다. 전보 내용에는 아부 섞인 표현들도 있었다.

"보나파르트는 빛처럼 날아서 번개처럼 내리친다. 그는 도처에 있고, 모든 것을 본다. 가장 숭고한 덕이 무한한 재능을 뒷받침할 때 의지 말고 다른 한계는 없다는 걸 그는 알고 있다."

요컨대, 전보에 말도 안 되는 이야기는 아무것도 없었다. 그 시대에 감히 누가 군인 보나파르트의 천부적인 자질과 뛰어난 활약을 의심할 수 있었겠는가?

내가 보기에, 이탈리아 국민에 대한 대우는 더욱 안타까웠다. 군대는 현지에서 식량을 조달*하게 마련이다. 달리 어떻게 식량을 구하고, 옷을 구해 가며 전쟁을 계속할 수 있겠는가. 또한 우리가 과도한 군세*를 거두어들인다는 것도 사실이다. 언젠가 군대에서 외출 허가를 받고 나와 예쁜 이탈리아 여자와 함께 지냈는데, 그녀가 내게 불평을

**조달**
자금이나 물자 따위를 마련함.

**군세**
점령지 국민에게 매기는 세금.

늘어놓은 것이다. 아마도 그것은 우리가 가져다 준 자유에 대해서 그들이 치러야 할 대가였을 것이다.

하지만 세금 부과는 착취*로 변했고, 착취는 약탈로 이어졌다. 한번은 아펜니노* 원정에서 돌아오는 어느 장교와 마주친 적이 있었다. 그 장교는 식기와 그림, 보석, 가구 등 귀중품들로 가득 찬 짐수레 17대의 호위를 받으며 돌아오고 있었다. 평민들의 집에서 거둬들인 물건들이었다. 마치 행상인 같기도 했지만, 내가 보기에는 남의 것으로 잔뜩 배를 채우고도 벌을 받지 않은 도둑놈 같았다.

몇 해가 지난 뒤, 나는 루브르 박물관에서 이탈리아에서 강제로 빼앗아 온 뛰어난 예술품들 중 일부를 보게 되었다. 옛날에 전쟁에서 승리를 거둔 로마 인들처럼 빼앗은 예술품을 박물관에 전시하게 된 것을 축하하며 보나파르트의 영광을 기렸을 것이다. 평화 조약에 따라 얻어 온 작품들이라고 말해 봤자 내게는 통하지 않을 얘기다. 내 눈에는 전리품*으로밖에 보이지 않으니까 말이다. 혁명이 이상을 저버린 게 아닌가?

**착취**
폭력을 이용해서 얻어 내는 것.

**아펜니노**
이탈리아 반도를 세로로 가로지르는 산맥.

**전리품**
전쟁 때 적에게서 빼앗은 물품.

**보나파르트**는 선전 활동에서 이미지가 어떤 힘을 발휘하는지 알고 있었다. 예술가들은 보나파르트의 요구에 따라 무엇에도 굴하지 않는 영웅적이고 침착하며, 위압적인 그의 모습을 그려 냈다. 기세등등한 전사는 점차 현명한 지배자로 변해 간다.

## 그때부터 앙투안 그로의 경력은 보나파르트의 행보와 함께했다.

▲ 그랑 생 베르나르 고개, 루이 다비드

### 그랑 생 베르나르 고개를 넘어서
"나는 격분한 말 위에 올라앉은 차분한 모습으로 그려지고 싶다." 보나파르트의 명령에 따라 다비드가 그린 그림 속에서 보나파르트는 손가락으로 이탈리아로 가는 길을 가리키고 있다.

### 자파의 페스트 환자들
비할 데 없는 침착한 용기와 영웅심을 지닌 보나파르트는 자파(팔레스타인)에서 죽어 가는 환자들을 방문하고, 페스트 환자의 병든 몸을 직접 만졌다. 이러한 행동은 병든 환자들을 손으로 만진 프랑스 왕들을 상기시키는 것이었다. 1804년 전시회에 이 그림이 내걸렸을 때, 보나파르트는 프랑스의 절대군주였다.

## 아르콜레

보나파르트는 오른손에는 검을, 왼손에는 프랑스 국기를 들고 있다. 그는 홀로 적들 앞으로 나아간다. 뒤를 돌아보며 자신을 따르는 병사들을 이끌고 있다. 머리카락은 바람에 나부끼고, 얼굴은 의연하고 결의에 차 있는 혁명 장군은 앞으로의 승리를 우의적으로 보여 준다. 들라크루아의 그림 '민중을 이끄는 자유'의 예고편이라고 할 만한 이 자세에는 이미 낭만주의가 깃들여 있다. 그 후로 제1통령과 황제를 그린 그림에서는 낭만성은 사라지고 엄격함을 띠게 된다. 그때부터 머리카락이 짧아지고, 표정은 좀 더 위엄 있어진다.

◀ 아르콜레 다리의 보나파르트 장군, 1796년 11월 17일, 앙투안 그로

◀◀ (왼쪽) 자파의 페스트 환자들, 앙투안 그로, 1802년경

# 이집트의 신기루

내 나이 또래의 사람들은 총재 정부가 무력한 체제였다는 것을 기억한다. 총재 정부는 혁명과 공화국을 계속 이어 갔지만 정치적 분쟁과 음모의 위협, 쿠데타\*의 시도에 뒤흔들렸고, 경제적인 어려움으로 힘을 쓸 수 없게 되었으며, 결국엔 미래를 불안하게 만들었다. 이러한 상황에서 승리를 거두는 장군들의 영광은 정치적 야망이라는 장기판 위의 장군 말이 되었다.

하지만 보나파르트는 아직 자신의 시간이 오지 않았다는 것을 느꼈다. 파리로 돌아온 그는 겸허한 태도를 보였다. 그가 사는 샹트렌 가는 그의 위업을 기려 빅투아르(승리) 가로 이름이 바뀌었고, 그의 집 창 아래로 군중들이 모여들었으나 전사 보나파르트는 조용히 휴식을 취했다. 사람들이 사방에서 그의 이름을 부르며 환호했지만, 장군은 군

**쿠데타**
무력으로 정권을 빼앗는 일.

**천문학**
천체를 연구하는 학문.

**학사원**
다섯 개의 아카데미 모임. 철학자, 학자, 문인 등이 참여했다.

**근동 제국**
지중해 동부 연안 지역. 영국은 해로와 수에즈의 지협을 통해 인도인들과 교역을 했다. 이집트를 정복한다는 것은 영국인들의 교역로를 끊는 것이었다.

중들에게서 비켜나 있기로 했다. 또한 사교계의 행사에도 나가지 않았다. 그는 학자나 문인들과 천문학*과 시에 대해 이야기를 나눌 수 있는 학사원* 모임을 더 좋아했다.

하지만 보나파르트 같은 사람은 오랜 시간 가만히 머물러 있지 못하는 법이다. 총재 정부에서는 그에게 소위 영국군이라는 군대의 지휘를 맡겼다. 군대의 병력과 선박은 브레스트에서부터 앙베르까지 해안에 흩어진 채로 배치되어 있었다. 그곳들을 돌아보던 보나파르트 장군은 곳곳에 흩어져 있는 잡다한 병력을 이끌고 영불 해협을 건너는 것은 너무도 무모한 짓이라는 걸 깨달았다. 장차 프랑스 공화국의 유일한 적수가 될 영국과 싸우기 위해서는 우리의 힘을 지중해 쪽으로 돌려야 했다. 그렇게 하면 근동 제국*과 교류하는 영국의 무역에 치명적인 일격을 가할 수 있을 터였다.

모든 게 아주 빠르게 진행되었다. 우리는 4월 중순경에 툴롱으로 진격하라는 명령을 받았다. 마침내 배에 오른 것은 5월이었다. 여태껏 그런 장관은 본 적이 없었다. 정박지는 마치 돛대들로 이루어진 숲 같았고, 수많은 배들 중에서 '동방'호나 '프랭클린'호 같은 화려하고 큰 선박들이 눈에 띄었다. 선착장에는 여느 때와는 달리 활기가 넘쳐흘렀다. 5만 명이 넘는 병사들을 위한 보급품이 실린 배들이 어떤 모습일지 한번 상상해 봐라!

항해라고는 한 번도 해 본 적이 없는 탓에 나는 두려움을 안고서 배에 올랐다. 그때는 우리의 목표가 무엇인지 몰랐다. 장교들과 병사들은 온갖 생각에 잠겨 있었고, 갖가지 내기를 하느라 여념이 없었다. 하지만 비밀이 드러나기 전까지 우리는 오랜 시간을 기다려야 했다. 몰타 섬에 상륙했다. 보나파르트가 몰타 섬의 통제권을 확보한 뒤에 우리는 다시 동쪽으로 항해했다. 그때까지는 우리의 목적지가 이집트라는 것을 풍문으로 전해 들었을 뿐이다. 근처에서 넬슨* 제독의 함대와 전투가 벌어졌다는 소문도 들려왔다. 나처럼 해전을 치러 본 경험이 전혀 없는 모든 병사들에게 바다에서 맞닥뜨리는 전쟁은 불안감을 안겨 줄 수밖에 없었다.

게다가 귀족들이 망명*한 탓에 해군 장교 군단이 대폭 축소되었기 때문에 불안감은 더해졌다. 병사들은 음악을 연주하고, 연극 공연을 준비했다. 한마디로 바다 위에서의 기나긴 시간을 죽이고 있었던 것이다. 우리는 함대를 한데 집결시키기 위해 겨우 3 노트*의 속도로 전진하고 있었다. 마침내 6월 22일, 우리의 목적지가 공식적으로 발표되었

**넬슨**
1758~1805. 영국의 해군 사령관.

**망명**
혁명기 동안에 외국으로 도피한 귀족들의 망명을 말한다. 앙시앵 레짐 때 군 장교들이 맡았던 책임은 남아 있는 이들에게 고스란히 넘겨졌다.

**노트**
해상에서 쓰이는 속도의 단위. 1시간에 1해리(1,852미터)를 달리는 속도.

다. 보나파르트의 선언문이 낭독되었다.

"병사들이여! 그대들은 정복 전쟁에 뛰어들려 하고 있다. 이번 정복이 세계 문명과 교역에 미칠 영향은 이루 말할 수 없다. 영국에 치명적인 피해를 입힐 때까지 우리는 가장 확실하고도 강력한 일격을 가해야 한다. 우리는 피곤한 항진*을 계속해야 하고, 몇 차례 전투를 벌여야 한다. 운명은 우리 편이기에 모든 작전에서 우리는 반드시 성공할 것이다. 영국 무역을 독점적으로 장려하고, 우리의 협상자들을 공공연히 모욕하고, 나일 강가의 가엾은 주민들을 괴롭히는 맘루크*의 베이*들은 우리가 그곳에 도착한 지 며칠 뒤면 이 세상에서 사라질 것이다. 우리와 함께 살게 될 민중은 마호메트교도*들이다. 그들 신앙의 첫 번째 항목을 알아 두어라. '오직 하나의 신만이 있다. 마호메트는 하느님의 예언자다.' 그들에게 반박하지 말고, 유대 인과 이탈리아 인들을 대했던 것처럼 그들을 대하라. 랍비와 주교들을 대하듯이 그들의 무프티와 이맘*을 대하라. 코란*에서 명시하는 의식들을 존중하라. 수도원이나 유대 교회당, 모세교나 기독교를 대할 때와 똑같은 관용으로 이슬람 사원을 대하라."

약동감 넘치는 연설에 열렬한 박수갈채가 쏟아졌다. 맘

---

**항진**
비행기나 선박 따위가 앞으로 나아감.

**맘루크**
'노예'를 뜻하는 아랍 어에서 유래했다. 중세 때 여러 이슬람 국가들에서 자신들의 군사력을 이용해 기존의 정부를 무너뜨리고 권력을 장악했던 노예 군단의 병사를 일컫는다.

**베이**
오스만 제국 술탄의 봉건 제후들과 고위 장교들에게 붙은 칭호.

**마호메트교도**
이슬람교도.

**무프티와 이맘**
이슬람교의 고관.

**코란**
이슬람교의 성서.

루크들이 이집트 인들을 노예로 만들었다는 소문이 돌았다. 우리는 맘루크들을 상대로 전투를 벌이기 위해 서둘렀다. 마침내 6월 말에 **알렉산드리아\***에 상륙했다. 내가 속한 사단은 곧장 도시를 공격하라는 명령을 받았고, 명령은 신속하게 이루어졌다. 하지만 이집트 인들은 우리를 해방자로 환영하지 않았다. 우리로서는 그러한 적대감이 잘 이해되지 않았다.

  이집트가 이탈리아보다 머물기에 쉽지 않을 거라는 예감이 들었다. 뜨거운 사막의 나라에서 유럽에 있을 때와 똑같은 군복을 입고 있었다니, 지금도 그때를 생각하면 어이가 없다. 우리가 그곳에 머무는 내내 이어졌던 숨 막히는 더위

알렉산드리아
이집트의 항구 도시.

는 그 어떤 적보다 끔찍하게 병사들의 목숨을 앗아 갔다. 행군을 시작한 지 며칠 지나지 않은 때부터 우리는 목마름의 고통이 어떤 것인지 뼈저리게 깨달았다. 머지않아 부대는 고통에 빠져 절망하였고, 오직 전투만이 조금이나마 활기를 불어넣어 주었다. 적어도 싸우다가 목숨을 잃는 것이 목말라 죽는 것보다 의미가 있었던 것이다.

보나파르트는 맘루크의 기병대가 그 어떤 집단적인 공격에도 무너지지 않는다는 것을 알고는 이번 기회에 전투 대형을 바꾸어 방형*으로 배치했다. 그 덕분에 곧바로 적을 물리칠 수 있었다. 이러한 전투 대형은 유명한 피라미드 전투*에서 우리에게 승리를 가져다 주었다. 그리고 피라미드 전투는 카이로*에 이르는 길을 활짝 열어 주었다.

하지만 이번 군사 원정이 행운이 뒤바뀔 환상의 원정이 될 거라는 소문이 돌았고, 며칠 뒤 실제로 끔찍한 소식이 날아들어 왔다. 우리의 모든 함대가 아부키르의 정박지에서 넬슨 제독에게 침몰당했다는 것이었다. 청천벽력 같은 소식은 우리 모두가 적국의 포로가 될 거라는 걸 의미했다. 중상모략*을 좋아하는 이들은 사령관이 좀 더 미리 대비를 했어야 했고, 적의 대포의 사정거리 안에 함대를 무방비 상태로 내버려 두는 게 아니었다고 불평을 쏟아부었

---

**방형**
네모 형태.

**피라미드 전투**
1798년 7월 21일.

**카이로**
이집트의 수도.

**중상모략**
속임수를 쓰거나 근거 없는 말로 남을 헐뜯어 명예나 지위를 손상시키는 것.

다. 함대를 코르푸*나 아니면 프랑스로 되돌려 보내야 했을까?

보나파르트는 그렇다고 낙담할 인물이 아니었다. 오히려 그는 벌어지는 일들을 자신의 의지로 통제할 수 있다는 걸 애써 보여 주려는 듯이 두 배의 진취성을 발휘했다. 행정 조직을 새로 짜고, 관개 공사를 벌이고 공장을 세워 경제를 일으키는 것으로 만족하지 않았다. 그는 산업을 장려하고, '빛*'을 전파하는 데 힘을 쏟을 이집트 학사원을 세웠다. 그곳의 인재들이 자신들에게 문명을 가르치려는 프랑스의 이러한 야망을 높이 평가했는지 나로서는 확신이 서지 않는다. 하지만 보나파르트가 10명 남짓한 학자들과 문인들, 화가들을 데려가 이집트 탐험에 학문적인 자취를 남기기 위해 노력했다는 점은 기꺼이 인정한다. 몽주*, 베르톨레*, 비방 드농*, 르두테*, 조프루아 생틸레르*가 그들이었다.

거기에는 다분히 선전하려는 의도가 어느 정도 있었다. 하지만 군인들이 그렇게 멋진 지성으로 자신들을 감싸기 위해 노력했는지는 잘 모르겠다. 물론 우리는 때때로 빈정거렸다. 전투가 벌어지는 동안에 대형을 방형으로 배치해야 할 때 무례한 외침 소리가 높아졌다.

"멍텅구리와 똑똑한 놈들은 가운데로!"

---

**코르푸**
지중해의 섬.

**빛**
18세기 철학자들의 사상.

**몽주**
1746~1818. 수학자이자 물리학자.

**베르톨레**
1748~1822. 화학자.

**비방 드농**
1747~1825. 조각가이자 외교관.

**르두테**
1759~1840. 꽃을 그린 화가.

**조프루아 생틸레르**
1772~1844. 자연 과학자, 박물학자.

우리가 예감한 대로 투르크 인들은 프랑스의 정복자에게 이집트를 넘기려고 하지 않았다. 이집트를 차지하려면 싸움을 벌여야 할 터였고, 그것은 우리가 오래도록 조국으로 돌아가지 못하리라는 걸 의미했다.

1798년 9월 21일은 프랑스 공화국 기념일이었다. 하지만 그날을 축하하는 병사들의 마음은 시들하기만 했다. 그날 연설을 하는 동안 나폴레옹은 관례에 따라 용맹스러운 군인들을 치하했지만, 연설을 마쳤을 때는 무거운 침묵이 짓눌렀다.

지독한 염세주의자\*들은 그것을 불길한 전조라고 결론지었다. 시리아 원정은 내 인생에 있어 가장 암울한 시기 중 하나였다.

**염세주의자**
세상을 괴롭고 귀찮은 것으로 여겨 비관하는 생각이나 태도를 가지고 있는 사람.

"**동방**으로 가야 한다. 위대한 영광은 모두 그곳에서 비롯된다." 서사시는 이국적인 정서를 담고 있다. 이집트 원정은 위대함을 향한 보나파르트의 꿈과, 영국의 무역로를 막아 대영 제국과의 싸움을 계속하려는 총재 정부의 의지가 결합된 것이었다.

▲ 엘레판티네 섬의 폐허가 그려진 이집트 접시

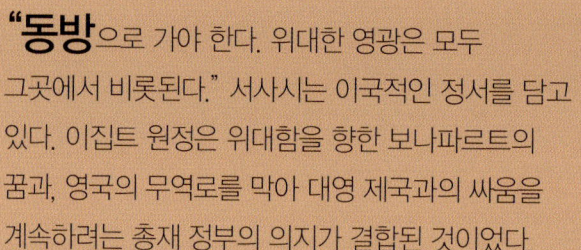

▲ 이집트 원정 때 보나파르트가 쓴 검

### 아부키르 전투

영국 투르크의 함대가 만에 닻을 내렸다. 함대에서 내린 1만 8천 명이 넘는 병사들은 작은 반도를 둘러쌌다. 그들을 물리쳐야 했다. 전투는 1798년 7월 25일에 벌어졌다. 전투가 막바지에 이르렀을 때 화가는 전쟁터를 그림으로 표현했다. 프랑스 기병대가 적군을 바다 쪽으로 완전히 내모는 동안, 포로가 된 적의 수장 무스타파 파샤는 보나파르트한테 끌려왔다. 아부키르 전투의 승리 덕분에 같은 장소에서 넬슨 제독에게 당한 해전의 끔찍한 패배를 지울 수 있었고, 프랑스로 돌아온 보나파르트는 큰 반향을 일으켰다.

그대들은 **정복** 전쟁에 뛰어들려 하고 있다. 이번 정복이 **세계 문명**과 교역에 미칠 영향은 이루 말할 수 없다.

### 이집트광
보나파르트의 원정은 이집트 유행을 가져왔다. 사람들은 나일 강가와 그곳의 기념물, 그리고 스핑크스나 백련 무늬(이집트 건축의 기둥머리 장식으로 쓰인다)로 외관을 장식했다.

### 로제타석
아부키르 전투가 있기 바로 얼마 전, 어느 대장이 세 개의 서로 다른 문자(상형 문자, 그리스 어, 고대 이집트 어)가 새겨진 돌을 발견한다. 샹폴리옹은 여러 텍스트를 비교해 상형 문자를 해독했다.

▲ 로제타석. 프톨레마이오스 시대

◀ 아부키르 전투. 루이 프랑수아 르죈

▲ 스핑크스와 대피라미드의 풍경

### 《이집트 안내서》
"지형도, 풍경화, 건축 도면과 설계도를 통해 유럽에 이 건축물들이 알려질 것이다. 여기에다 역사와 천문학, 예술, 고대 이집트 인들의 관습에 관한 매우 폭넓은 연구를 덧붙였다." 클레베르는 현대 이집트와 현재의 상황을 고르게 묘사하려 한 이 방대한 작품의 계획에 대해 이렇게 설명했다.

# 알렉산더 대제인가, 카이사르인가?

보나파르트가 동방의 모험에서 무엇을 기대했는지 나는 제대로 이해하지 못했다. 어떤 이들의 주장대로 정말 **콘스탄티노플***을 정복하고 싶었던 것일까? 동방의 지배자가 되고 싶었던 것일까? 알렉산더 대제의 자취를 밟고 싶었던 것일까? 아니면 새로운 야망을 이루기에 좋은 때를 기다리며 자신의 영광을 알리려고 애쓰고 있었던 것일까?

내가 아는 것은 단지, 1799년 3월에 우리가 다시 원정을 떠나야 했다는 것이다. 우리는 북쪽으로 거슬러 올라가기 시작했고, 그 길은 곧 불길한 국면으로 접어들었다. 그때의 일들이 지금도 여전히 내 기억을 괴롭혔다. **자파***에서 있었던 일이다. 자파를 포위해 점령하는 데는 사나흘이면 충분했다. 자파의 주둔군은 보나파르트에게 항복했다. 그런데 놀랍게도 보나파르트는 2천 명이 넘는 적군을 사형

**콘스탄티노플**
지금의 터키 수도인 이스탄불의 옛 이름. 오스만(투르크) 제국의 수도로, 당시에는 근동과 유럽 동쪽의 대부분을 통치했다.

**자파**
지중해 연안 팔레스타인의 도시.

시키기로 결정했다. 포로들은 작은 무리로 나뉘어 차례로 군사 재판을 받고 총살당했다. 총알이 떨어지자, 그다음에는 총검으로 학살이 이어졌다. 학살은 병사들의 반감을 불러일으켰고, 몇 주가 지나자 한 병사가 내게 흐느끼며 끔찍한 도살에 대해 이야기했다. 병사의 이야기를 듣고 있는데, 보나파르트가 예루살렘과 나플루즈*의 주민들에게 했던 선언이 떠올랐다.

"나는 친구들에게는 너그럽고 인자하다. 하지만 적에게는 번갯불처럼 가혹하다."

그러니까 그는 자파에서 벌인 학살로 본때를 보여 준 것이었다. 하지만 적들이 한층 더 확고한 태도로 우리에게 폭력을 휘두를 거라고는 생각지 않았나 보다.

시리아 원정은 음울한 전조* 아래 시작되었다. 그 뒤에 일어난 일들은 더는 영광스럽지 않았다. 온갖 노력을 기울였지만, 보나파르트는 생 장 다크르*를 끝내 점령하지 못했다. 우리는 도시의 요새들에 지하도를 파서 폭탄을 설치하고, 폭파시키고, 공격을 감행했다. 매번의 새로운 시도는 결국 수많은 희생을 낳았고, 두 달 뒤 우리는 후퇴해야만 했다. 보나파르트는 패배를 인정하려 하지 않았다. 하지만 이미 군수품은 바닥났고, 병사들은 포격에 쓰러졌으

---

**예루살렘과 나플루즈**
팔레스타인의 도시들.

**전조**
어떤 일이 생길 기미.

**생 장 다크르**
지중해에 면해 있는 팔레스타인의 항구.

며, 일사병에 걸려 파리 목숨처럼 죽어 갔다.

군사 작전이 벌어지는 내내 병사들은 페스트\*에 걸려 쓰러졌다. 이따금 길가에서 전우들한테 보잘것없는 재산을 털린 채 죽어 가는 병사들의 한탄스러운 광경이 펼쳐졌다. 당시 보나파르트 장군이 페스트에 걸린 병사들의 고통을 덜어 주려고 몇몇 환자에게 아편\*을 나눠 주게 했다는 소문이 돌았다. 실제로 헌신적이고 용감한 데주네트가 그 소문의 진위를 격한 목소리로 내게 확인시켜 주었다. 그는 그렇게 죽음에 내던져진 병사들을 지켜본 의사였다.

그러한 상황에서 진실까지 왜곡해 가며 자파의 페스트 환자들을 연민으로 감동시키는 보나파르트를 그려야 했을까? 그로의 그림\*은 속임수에 불과한 것이다. 공연히 실제로 보나파르트 장군이 용기 있게 환자들을 찾았다면 자기 목숨에 위협이 될 그런 행동은 하지 않았을 것이다. 보나파르트는 그러한 모습으로 자신을 표현함으로써 인간미를 과시하는 한편, 혁명 전에 환자들의 부스럼을 손으로 만지고 치료한 군주들의 계보에 오르기를 바랐던 것이다.

군대는 이집트 쪽으로 후퇴했다. 기병대는 병자들을 위해 말을 남겨 놓았다. 우리는 이집트로 돌아가는 행군 길이 얼마나 고될지 짐작할 수 있었다. 이따금 뒤를 돌아보

**페스트**
페스트균이 일으키는 급성 전염병. 오한, 고열, 두통에 이어 현기증이 나며 의식이 흐려져 결국 죽게 된다.

**아편**
마취제의 일종.

**그림**
48쪽 참조.

**웰링턴**
1769~1852. 나폴레옹 전쟁 때 활약한 영국군 총사령관. 1815년에 워털루에서 나폴레옹을 무찔러 최후의 패배를 안겨 준다.

**오스만 투르크**
터키.

면 길 여기저기로 타오르는 불길의 연기가 보였다. 이집트를 지키기 위해 보나파르트는 팔레스타인의 문화를 모조리 파괴하기로 한 것이다. 언젠가 웰링턴*이 똑같이 행동하는 것을 볼 기회가 있었다. 우리 군이 웰링턴의 군대를 리스본으로 내몰았을 때였다. 전쟁에서 그런 관습은 오래되고 확실한 것이었지만, 나는 군인의 수치라고 생각했다. 그러한 행동은 무엇보다 민간인들에게 고통을 주는 일이기 때문이다.

 카이로 귀환을 알리는 개선 행진을 하면서 우리는 피로감을 감추지 못했다. 소식을 듣고 몰려나온 구경꾼들도 그 모습을 지켜보았다. 군대의 사기는 갈수록 떨어져 상사의 명령에 따르지 않는 위급한 분위기로까지 변했다. 하지만 그 시기에도 보나파르트는 여전히 행운의 별에 기대를 걸었다.

 7월의 어느 날, 오스만 투르크* 족이 아부키르에 막 상륙했다는 소식이 들려왔다. 보나파르트 장군은 곧바로 대응했다. 적이 야영하고 있는 반도 쪽으로 움직이라고 군대에 명령을 내렸다. 하지만 모든 부대가 현장에 채 닿기도 전에 전투가 시작되었다. 기병대가 가장 치열한 기습을 벌이는 속에서 나는 간신히 살아남을 수 있었다. 우리의 공격

**무스타파 파샤**
오스만 투르크 군대의 우두머리.

**클레베르**
1753~1800. 프랑스 장군으로 보나파르트의 이집트 원정 때 크게 활약했다.

**안위**
편안함과 위태함.

이 모든 것을 날려 버리는 듯했다. 공포에 사로잡힌 적들은 뿔뿔이 흩어져 달아났고, 혼란 속에 바다로 뛰어들어 물에 빠져 죽거나 총에 맞아 목숨을 잃었다. 나는 무스타파 파샤*를 포로로 잡은 뮈라와 몇 미터 거리에 떨어져 있었다. 그토록 눈부신 승리는 그동안의 모든 패배를 단번에 지워 버렸고, 전투가 끝난 뒤에 도착한 클레베르*는 보나파르트를 얼싸안으며 이렇게 외쳤다.

"장군님은 이 세상만큼이나 위대하십니다. 아니, 장군님에 비하면 이 세상도 그리 위대하지는 않습니다!"

확실히 이집트는 그의 야망을 채우기에는 충분하지 못했다. 어느 날 밤, 뮈라가 비밀을 꼭 지키라면서 내게 보나파르트 장군의 계획을 털어놓았을 때 나는 무척이나 놀랐다. 몇 시간 뒤면 보나파르트가 군대를 클레베르에게 맡겨 두고, 몇 안 되는 사람들과 함께 배에 올라 프랑스로 돌아갈 거라는 얘기였다. 프랑스는 온통 혼란에 빠져 있었다. 내전이 벌어질 태세였고, 우리의 해외 정복은 차례로 실패로 돌아갔다. 총재 정부의 무능함 때문에 공화국의 안위*를 걱정하는 이들이 모두 프랑스로 돌아올 수밖에 없었다.

"보나파르트 장군에게는 최정예 병사가 필요할 걸세."

뮈라는 별다른 설명 없이 내게 귀띔해 주었다.

얼마간 부끄러움을 느꼈던 것이 기억난다. 나는 운 좋게도 보나파르트와 함께 프랑스 땅을 다시 밟게 될 몇 안 되는 사람들 중 하나였던 것이다. 나는 기분이 좋으면서도 한편으로는 조바심이 났다. 또한 사령관에게 버림받았다는 걸 알게 되었을 때, 병사들의 기분이 어떨지도 상상이 갔다. 그들은 머지않아 돌아갈 수 있다는 희망도 없이 이집트에서의 기나긴 유배를 선고받은 것이다. 이튿날 우리는 프랑스를 향해서 항해했다.

10월 9일에 우리는 프레쥐스에 상륙했고, 10월 16일 마침내 파리에 도착했다. 아무도 열렬한 환영 같은 것은 상상하지 못한 터였다. 그런데 군중들이 그 주일 내내 보나파르트 장군 앞으로 몰려들어 환호를 보냈다. 군중은 이탈리아 원정과 동방 정복의 영웅에게 경의를 표했다. 그곳 이집트에서 하루하루 조금씩 지치고 무너져 가는 우리의 군대는 까맣게 잊은 채……

파리에서 뭔가가 몰래 꾸며지고 있다는 걸 우리는 알고 있었다. 수도는 쿠데타와 음모에 관한 소문으로 시끄러웠다. 몇몇의 이름이 사람들 입에서 입으로 떠돌았는데, 특히 시에예스\*라는 이름이 자주 들려왔다. 보나파르트는 시에예스에 대해서 무관심하고 신중한 척했다. 하지만 신은 알고 있다. 사람들이 그 위인과 어떤 말이라도 나누고 싶어 빅투아르 가에 있는 그의 집으로 몰려들었다는 것을 말이다. 시에예스가 집을 나설 때마다 사람들은 호기심을 품었고, 그에게 쏟아지는 찬사를 듣고 있노라면 보나파르트만큼 영광을 바라지 않는 사람이라도 야망을 품게 되었을 것이다.

쿠데타를 예고하는 거래\*와 책략에 대해서는 특별히 얘기할 수 있는 게 없다. 장교라는 내 직위는 쿠데타를 준비

시에예스
1748~1836. 1789년부터 세력을 갖게 된 정치가이다.

예고하는 거래
다소 은밀한 협상.

하기보다는 쿠데타가 벌어진 뒤에 몸으로 겪는 자리였으니까 말이다. 안개달* 18일 아침, 나는 보나파르트의 집 앞에 있었다. 보나파르트는 허리띠에 권총을 꽂은 채 집을 나서서 튈르리 궁으로 가는 작은 행렬의 선두에 섰다. 공화국에 반대해 음모가 꾸며지고 있을 것이라는 구실로, 그 참에 보나파르트 장군은 생 클루 성으로 옮겨진 양원*을 보호하는 임무를 맡았다. 보나파르트는 선서를 한 뒤 튈르리 궁의 정원에 모습을 드러냈다. 그리고 바라스의 비서를 붙들고 웅변하는 듯한 목소리로 말했다. 내가 보기에는 특히 부대의 사기를 드높이기 위해서인 것 같았다.

"나는 찬란히 빛나는 프랑스를 넘겨주었소. 그런데 내가 되찾은 프랑스는 그 빛을 잃었소. 나는 당신들에게 평화를 물려주었소. 그런데 내가 맞닥뜨리게 된 것은 전쟁이오! 나는 당신들에게 정복지를 남겨 주었는데, 적들은 우리의 국경을 넘고 있소. 나는 수백만 이탈리아 인들을 넘겨주었건만, 도처에는 약탈자의 법과 비참함이 판을 치고 있소! 이런 상태를 두고 볼 수는 없다. 이런 상태로라면 석 달 안으로 독재가 우리를 지배할 것이다."

사실 독재 정치는 바로 코앞에 닥친 일이었다.

**안개달**
10월 22일 혹은 23일에 시작해 11월 21일, 22일, 혹은 23일에 끝나는 공화력의 두 번째 달.

**양원**
원로원과 500인 회의.

**유럽**을 가로질러야 하는 강행군을 버텨 내는 엄청난 인내력, 오랜 전투 경험, 뛰어난 조직력 등 이러한 것들이 우두머리를 숭배하는 마음으로 하나가 된 나폴레옹 군의 최고 무기였다. 하지만 시간이 흐름에 따라 징병의 자격 기준이 낮아지고, 다국적 병사들로 군대의 결속력은 약해졌다.

## 보병
물소나 양 가죽을 재단해 만든 앞치마와 손도끼는 장애물을 없애는 공병을 의미한다. 정예병인 척탄병은 깃 달린 모자 때문에 큰 키가 더욱 두드러져 보인다.

## 레지옹 도뇌르 훈장
군인들과 마찬가지로 원칙적으로는 민간인에게 주는 것이지만, 이 영예를 안은 이는 군인들이 훨씬 더 많았다.

▲ 레지옹 도뇌르 훈장

▶ 1805년 10월 12일에 레흐에서 아우크스부르크로 넘어가는 다리 위에서 연설을 하는 나폴레옹 1세

## 무기
총포 분야에서는 혁신적이라고 할 게 없다. 1777년 모델인 부싯돌 총은 1803년에 다시 선보였지만, 3분에 4발밖에 쏠 수 없었고, 정확도는 거의 200미터를 벗어나지 못했다. 그리보발 총으로 말하자면 1분에 3발이 발사되며, 사정거리는 1,200미터이다.

## 보병대
나폴레옹은 기갑부대와 날렵한 기병(엽기병, 경기병), 말 탄 포병으로 구성된 기병대를 중요시했다.

▶ 척탄병
▲ 공병

◀ 말 탄 포병

© RMN / Arnaudet

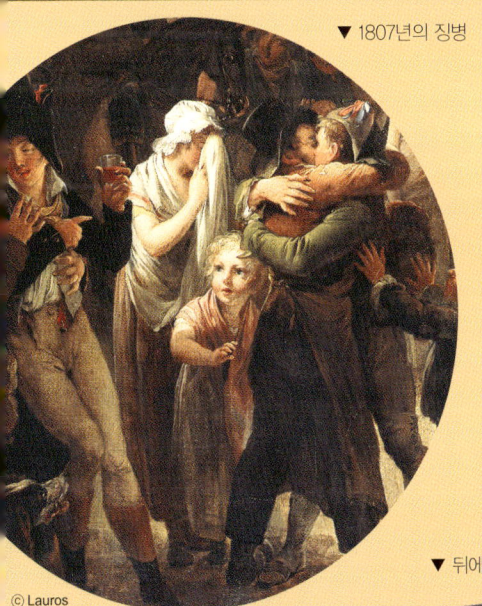

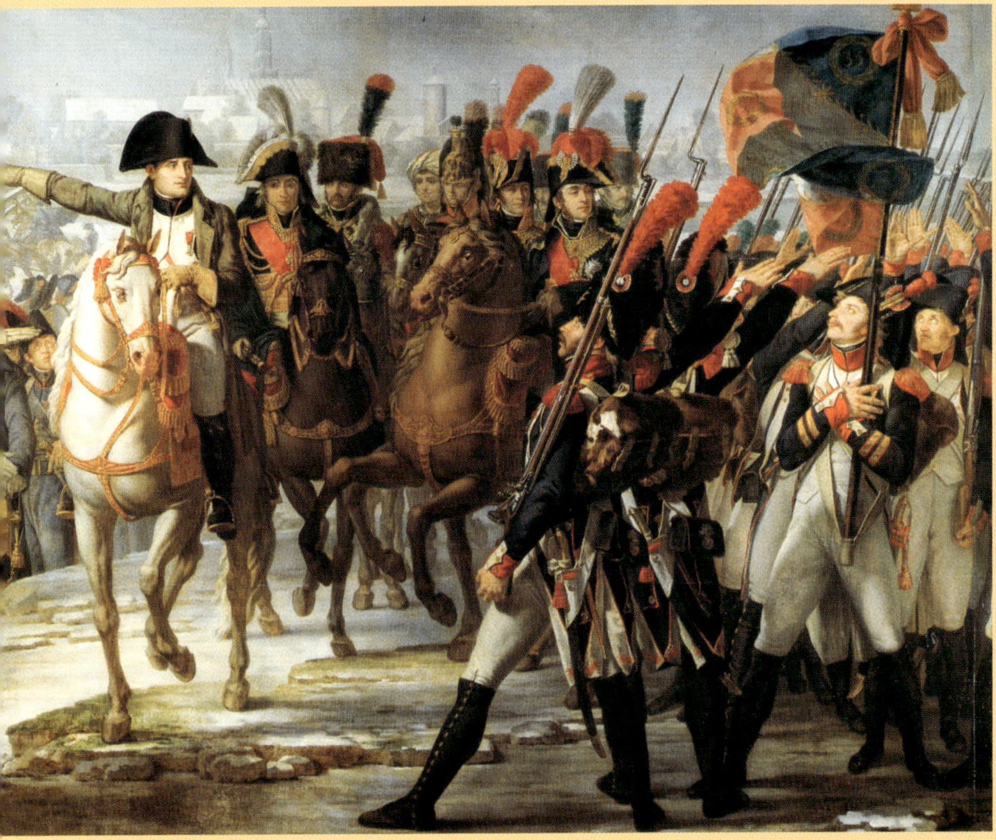

▼ 1807년의 징병

© Lauros

장군님은 이 세상만큼이나 위대하십니다. 아니, 장군님에 비하면 이 세상도 그리 위대하지는 않습니다!

**징병**

1798년의 주르당 델브렐 법은 징병 제도의 기본이 된 것으로, 매년 20세부터 25세까지의 청년들이 소집될 것으로 예상했다. 총재 정부 시기와 제정기 때 이러한 신병 모집에는 몇 가지 예외 사유가 있었다(결혼, 대리 복무, 신체적 불능). 1804년과 1813년 사이에는 총 2,500만 명에 달하는 사람들이 징집되었다.

▼ 뒤에슴 장군의 소총

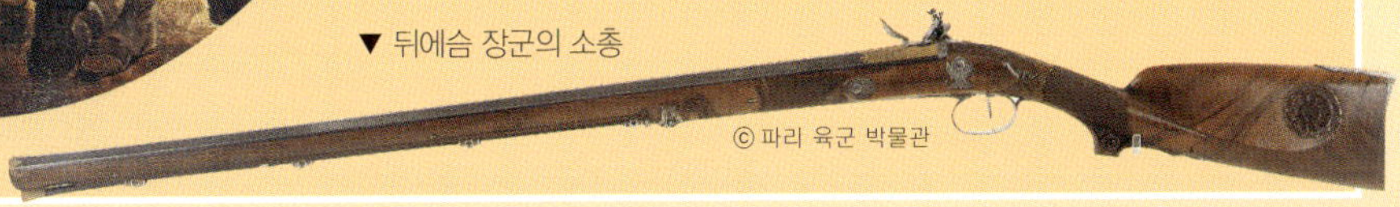

© 파리 육군 박물관

# 제1통령

안개달 19일 정오 무렵, 생 클루 성은 전에 없이 활기에 넘쳤다. 그런 활기가 돌았던 것은 아마도 오래전 일일 터였다. 조금 전에 개회한 의원들 (원로원은 아폴론 회랑에, 500인 회의*는 오랑주리 관에 있었다.)은 불안감과 체념이 섞인 말을 내뱉거나 밀담*을 늘어놓았다. 엄청난 병력의 군대는 흥분해 있었다. 그들 우두머리의 연설이 끝나는 대로 이 말 잘하는 의원들과 한판 싸움을 벌일 태세였다. 이 수다쟁이들은 프랑스의 근심거리에는 통 관심이 없었다. 저마다 결정적인 시간이 다가오고 있다는 걸 느끼고 있었다. 게다가 마차에서 내린 보나파르트는 눈에 띄게 날카로워 보였다. 총재 정부는 더 이상 존재하지 않았다. 총재들은 사퇴했거나 감시를 받고 있었다. 그런데 의원들은 저항하지도 않고, 이 폭력 행위를 인정할 것인가?

**500인 회의**
두 의회는 총재 정부 아래에서 행정권은 나누어 가졌다.

**밀담**
다소 비밀스러운 대화.

오후에 시작된 표결은 끝이 날 줄을 몰랐다. 참을성 없는 보나파르트는 불안감을 이기지 못하고 끼어들고 말았다. 하지만 원로원 의원들 앞에서 그의 과장 섞인 말은 소란을 일으켰고, 소란의 여파는 성의 테라스에 있는 우리한테까지 미쳤다. 부리엔*의 충고에 따라 보나파르트 장군은 그 방을 잠시 떠났다가 몇 분 뒤에 돌아왔다. 이번에는 군인들이 의회에 난입하자, 많은 의원들이 거세게 항의했다. 바깥에 있던 우리들 중 몇몇은 보나파르트의 마지막 시간이 온 거라고 생각했다. 의회 의장인 뤼시앵 보나파르트는 분위기를 가라앉히려고 종을 흔들어 댔지만 쓸데없는 짓이었다. 의원들은 그의 형 주위로 몰려들어 그를 위협하며 밀쳐 댔다. 몇몇 정예병들이 용케 보나파르트를 에워싸고 엄호하면서 저마다 "무법자, 무법자!"를 외치는 방에서 그를 겨우 끌어냈다.

보나파르트 장군은 반쯤 넋이 나간 상태로 모습을 드러냈다. 그사이 방에서는 고함 소리가 계속 쏟아져 나왔다. 그런데 뤼시앵이 방에서 빠져나와 말에 올라타고 나폴레옹 곁으로 와서는 군인들에게 연설을 했다. 그런 상황에서 병사들의 힘을 이끌어 내는 것은 그리 어렵지 않았다. 북 치는 소리가 들렸고, 정예병들이 대형을 이루어 오랑주리

**부리엔**
1769~1834. 브리엔 군사 학교 시절부터 나폴레옹의 친구였으며, 한때 나폴레옹의 비서였다.

관으로 들어섰다. 의자 위에 올라앉은 뮈라가 소리쳤다.

"저놈들을 전부 밖으로 집어던져라!"

그것은 의원들에게 도망치라는 외침이었다. 그들은 달리는 데 거치적거리는 토가*를 벗어던지고 창문을 통해 공원 오솔길로 달아났다. 의원들이 뿔뿔이 도망치는 광경에 웃음을 터뜨린 사람도 있었을 것이다. 하지만 1789년 이래로 의회 의원들이 이루어 놓은 놀랄 만한 개혁의 작품을 떠올리는 사람이라면, 강권이 발동되는 것을 보며 고통스러웠던 느낌을 되새길 수 있을 것이다. 그때부터는 군사력이 국가 통치권*을 능가했다. 원칙적인 면에서 볼 때, 그 무엇으로도 안개달의 사태를 정당화할 수는 없었다. 보나파르트는 그것을 익히 알고 있었고, 생 클루 성에서 표면적으로라도 적법성을 지키고 총검의 힘을 빌리려 하지 않았는지 모른다. 하지만 당시 총재 정부는 신뢰를 잃었고, 나라에 닥친 불행에 대해 어떤 해답도 내놓지 못하고 있었다. 10년의 혁명기는 정치적 열의를 잠재웠고, 아무도 나라가 또다시 내전에 빠지는 것을 바라지 않았던 것이다. 보나파르트는 정확히 국민에게 그들이 바라는 평화를 돌려 줄 터였다.

"혁명은 끝났다."

총재들*은 선언했다.

**토가**
법관이나 교수 등이 예복으로 입는 길고 펑퍼짐한 옷.

**국가 통치권**
의회 의원들이 행사하는 지배권.

**총재들**
안개달 쿠데타 이후로는 세 명의 통령이 행정권을 나누어 가졌다. 하지만 실제로는 제1통령인 보나파르트가 실질적인 권력을 장악했다.

**정교 협약**
교황으로 대표되는 가톨릭 교회의 성좌와 프랑스 정부 사이에 체결된 협약.

**제노바**
지중해와 접해 있는 이탈리아의 항구 도시.

**제1통령**
보나파르트.

과거에 추방된 자들은 죄를 용서받았고, 망명자들은 조국으로 돌아올 수 있었다. 10년 전부터 종교 갈등으로 서로 으르렁거리던 국민들은 마침내 화해하게 되었다. 교황 비오 7세와 정교 협약*을 맺으면서 보나파르트는 정치와 종교의 갈등에 마침표를 찍었다. 평화가 자리 잡으면서 질서도 함께 돌아왔다. 정부는 재조직되었고, 재정 상태는 다시 탄탄해졌다.

이제 남은 일은 프랑스에 대한 외국의 압력을 느슨하게 하는 것이었다. 쿠데타가 벌어지던 무렵에 오스트리아 군대는 알자스와 프로방스 지방을 위협하고 있었고, 우리의 이탈리아 정복지 중에서는 마세나가 지키고 있는 제노바*만 남아 있다시피 했다. 제1통령*은 다시 한 번 대담함을 발휘해 디종과 리옹 사이에 군대를 집결시키고, 봄에 알프스로 군대를 진격시켰다. 그랑 생 베르나르 고개를 넘으면서 보나파르트는 적을 기습해 완전히 물리칠 수 있으리라고 생각했다. 아직 눈이 내리는 계절에 그랑 생 베르나르를 넘는다는 것은 불가능에 가까운 일이었다.

보나파르트가 생각했던 것만큼 시작이 순조롭지는 않았다. 크로아티아 군이 알프스 산맥의 험로를 차지하고서 우리 포병대의 길목을 막은 것이다. 엎친 데 덮친 격으로 마

**만토바**
이탈리아의 북부 도시.

**알프스 산맥을 넘은 것**
48쪽 그림 참조.

**드제**
1768~1800. 마렝고 전투에서 사망한 프랑스 장군.

세나가 항복했다는 소식이 들려왔다. 오스트리아 군이 만토바* 쪽으로 물러날 위험을 무릅쓰고서라도 때를 기다리는 게 현명했을지 모를 일이었다.

하지만 제1통령은 완강히 거부했다. 이미 선전 활동을 통해 알프스 산맥을 넘은 것*을 미화한 것이다. 보나파르트는 당장 거둘 수 있는 완전한 승리를 원했다. 그리하여 운명을 한 판에 걸게 된 것이다.

1800년 6월 14일, 우리는 마렝고 평원에서 2만 5천 명 대 4만 명으로 전투를 시작했다. 우리는 대포가 몇 대밖에 안 됐지만, 적군은 200대가 줄을 지어 있었다. 오전에 시작된 전투는 오후 1시쯤이 되자 전세가 기운 듯 보였다. 그러나 전쟁의 신은 언제나 자신과 함께할 거라고 선언한 보나파르트가 옳았음을 보여 주듯, 오후 3시쯤엔 몇 번의 반전 끝에 오스트리아 군대가 달아나고 있었다. 그때 멀리서 수천 명이나 되는 병사들의 총검이 햇빛 아래 번쩍이는 것이 보였다. 드제*의 분대가 지원군으로 도착한 것이었다. 우리는 기다리지 않고 다시 무기를 집어 들었고, 완벽한 승리를 거두었다.

안타깝게도 우리는 전장에서 6천 명의 병사를 잃었다. 그중에는 드제도 있었다. 그는 가슴 한복판에 총을 맞고 죽었다. 우리 몇몇은 보나파르트가 일을 잘못 시작한 거라고 생각했다. 나중에 우리는 이 전투에 대한 공식 보고에서 제1통령을 갖가지 영광으로 미화시키기 위해 드제의 역할을 지워 버린 것을 알고 씁쓸해했다.

 그날 아마도 보나파르트는 우리 모두처럼 자신의 덧없는 권력을 새삼 느꼈을 것이다. 패배한다면 완전히 새로운 체제의 종말을 고하게 될 터였다. 군사력이란 승리를 통해서만 장악할 수 있는 것이다. 만일 승리가 부족하다면 만들어 내야만 한다.

 제1통령을 괴롭히는 것은 전쟁의 위험만이 아니었다. **자코뱅 당원**\*들도 왕당파들과 마찬가지로 무기를 내려놓지 않았다. **푸셰**\*의 경찰들이 그들을 감시하였고 반정부 신문도 중지되었지만, 결의에 찬 이들은 음지에서 보나파르트를 제거하려는 의지를 끝까지 밀고 나갔다. 1800년 12월 24일, 제1통령의 마차가 오페라 극장으로 가기 위해 생 니케즈 가를 지나가고 있었다. 그때 갑자기 귀를 찢을 듯한 폭음과 함께 폭탄이 터져 주위의 유리창들을 모조리 날려 버리고, 십수 명의 사상자를 낳았다. 보나파르트를 암살하려던 음모는 몇 초 차이로 목적을 이루지 못했다.

 모든 정황으로 볼 때 음모를 꾸민 것은 왕당파들이었지

**자코뱅 당원**
급진적인 혁명 당원.

**푸셰**
1759~1820, 프랑스의 경찰장관.

만, 보나파르트는 그 사실을 받아들이려고 하지 않았다. 자코뱅 당원들은 체포되어 재판을 받았고, 대다수가 유배당하고 몇몇은 처형당했다. 사실 그들에겐 죄가 없었다. 하지만 보나파르트는 늘 정의보다는 정치적 효율성을 따졌다. 그 무렵 보나파르트는 프랑스 인들을 화합하게 하고, 앙시앵 레짐의 주요 인물들을 혁명의 인재들과 하나로 만들기 위해 애쓰고 있었다. 그런 상황에서 자코뱅 당은 이상적인 적수였다.

그때부터 우리는 원칙 같은 것은 염두에 두지 않는 절대군주를 두게 되었다. 하지만 10년 이래로 프랑스가 경험해 보지 못한 평화를 가져다 준 그에게 경의를 표하지 않을 수 없었다. 영국과 아미앵 평화 조약*을 맺었다는 소식이 전해진 1802년의 그날을 떠올리면 가슴이 벅차오른다. 그 선언문의 단어들이 떠오른다.

"전투의 영광에 이어 시민에게는 보다 흐뭇한 영광이, 우리 이웃에게는 보다 덜 두려운 영광이 뒤따르게 하자. 농장과 화실에서는 열정과 집념과 인내심을 지니자. 우리가 겪은 모든 어려운 상황 속에서도 유럽을 놀라게 했던 그 열정을, 그 집념을, 그 인내심을……."

아미앵 평화 조약
1802년 3월 25일에 프랑스와 영국 사이에 체결된 조약.

# 행정부, 법무부, 재정부 등

안개달 쿠데타가 벌어진 그 이튿날부터 보나파르트는 다방면의 개혁을 실시했다. 통령 정부 시대는 정치적, 종교적, 외교적 평화 회복의 시기였다.

### 행정부와 재정부

각 지방 행정권의 우두머리인 도지사가 중앙 집권적이고 계층화된 행정부의 원칙을 구현한다. 재정 분야에서 '프랑 제르미날' 을 찍어 내는 것은 보나파르트의 소관이었다. '프랑 제르미날' 의 통화 가치는 19세기 내내 안정적이었다.

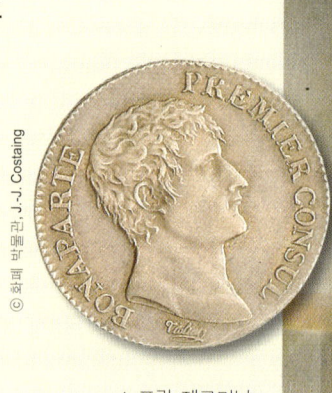

© 화폐 박물관, J.-J. Costaing

▲ 프랑 제르미날 (1802~1803)

▲ 도지사의 제복

### 쿠데타

안개달 19일 생 클루 성에서 보나파르트는 "무법자, 독재자를 타도하라! 폭군을 타도하라!" 를 외치는 적대적인 500인 회의와 충돌했다. 그에게 나가라는 욕설이 쏟아졌다. 정예병들의 보호를 받지 않았다면 크게 다쳤을지도 모를 일이었다. 그림에서 미래의 제1통령은 침착하게 행동하고 있지만, 사실은 정신을 놓기 일보 직전이었다.

▶ 안개달 18일, 프랑수아 부쇼

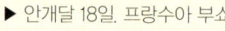

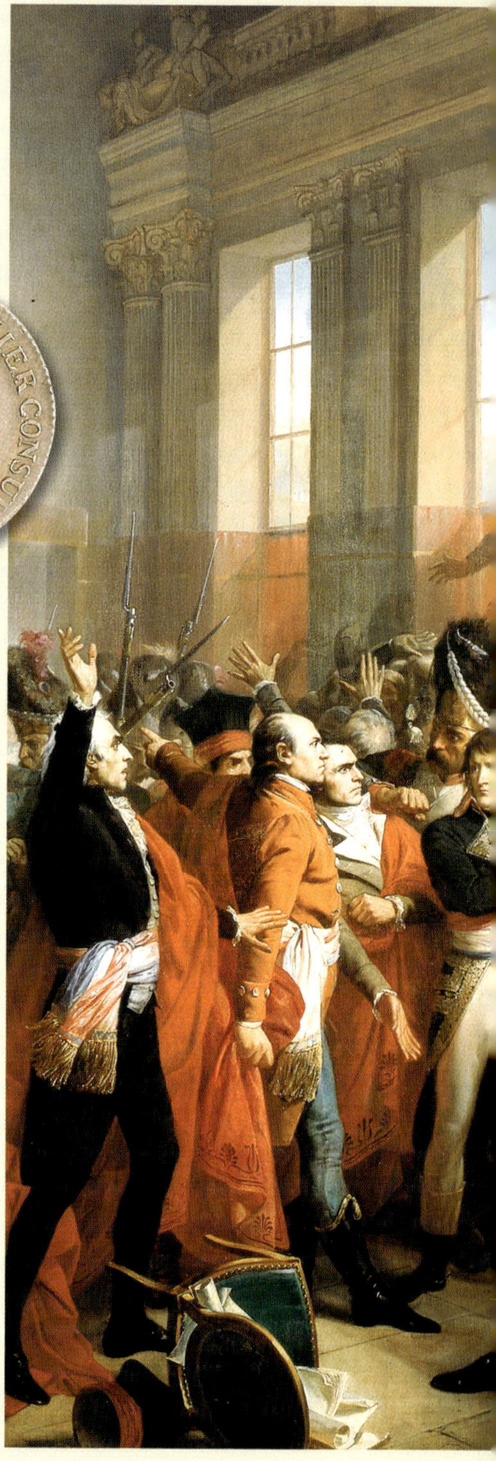

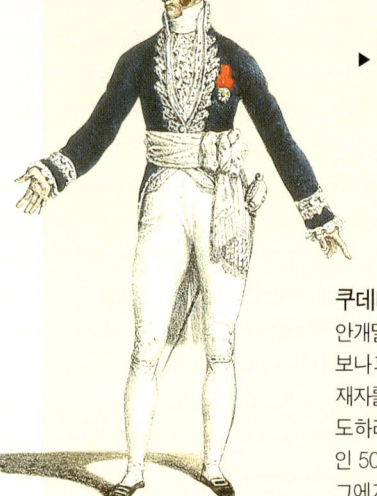

**프랑스 민법전**
2,281개의 법 조항을 개정해 모아 놓은 것으로, 사회와 가족 관계를 체계적으로 정리했다. 나폴레옹이 보기에 그것은 '진정한 영광'의 하나였다.

▲ 프랑스 민법전

## 평화가 자리 잡으면서 질서도 함께 돌아왔다. 정부는 재조직되었고, 재정 상태는 다시 탄탄해졌다.

▲ 프랑스와 바티칸 교황청 사이에 맺어진 정교 협약

**정교 협약**
프랑스의 종교적 평화를 회복시키기 위해 보나파르트는 교황과 정교 협약을 체결하기로 결심한다. 가톨릭 교회는 공식적인 예배의 대상이 아니라, '대다수 프랑스인들의 종교'라고 명시되어 있다. 성직자는 국가로부터 봉급을 받았고, 주교를 임명하는 것은 정부의 소관이었다.

# 두 번의 대관식

나폴레옹 보나파르트는 종신 통령이 될 것인가? 1802년 여름 동안, 압도적인 과반수의 프랑스 인들이 국민 투표\*를 통해 이 제안을 인가\*했다. 당시 나로서는 조금 당황스러운 제안이었다.

프랑스가 위대한 보나파르트에게 찬사를 보내는 것을 나는 기꺼이 인정했고, 나 자신도 그의 장군이자 정치가로서의 뛰어난 자질을 깊이 깨닫고 있던 터였다. 그리고 보나파르트 말고, 달리 누가 이 나라를 더 훌륭히 이끌어 나갈 수 있을 거라고는 생각하지 않았다. 하지만 종신 통령이라니, 그렇게 해서 국민 전체가 단 한 사람에게 결정적으로 권력을 넘겨주게 된 것이다.

아마도 선전 활동이 제 역할을 톡톡히 해낸 덕분일 것이다. 사람들은 기적이라도 벌어진 듯 소문이 무성한 그에

**국민 투표**
국민들이 그들에게 맡겨진 종이에 찬반으로 의사 표시를 하는 투표.

**인가**
인정하여 허가함.

**극찬**
열렬하고 과장된 찬사.

**마리 앙투아네트**
루이 16세의 아내로, 1774년부터 1792년까지 프랑스의 왕비를 지냈다. 1793년에 단두대에서 처형당했다.

**카브리올레**
바퀴가 두 개 달린 가벼운 마차.

대한 모든 극찬*을 틀림없는 사실로 믿어 버렸다. 논평은 빠져 있는 신문 기사 조각이 내게 있었다.

"제1통령은 놀라운 힘을 발휘해 매일 18시간씩 일하고, 한 가지 일에 18시간씩 몰두하거나, 잇따라 20가지 일에 정신을 집중하기도 한다. 한 가지 일에 대한 어려움이나 피로감 때문에 또 다른 일을 살피지 못하는 일 없이 말이다."

고백하건대, 보나파르트의 옆모습이 새겨진 동전 한 닢을 맨 처음 손에 쥐던 날 나는 거북함 같은 걸 느꼈다. 그때까지는 그를 전우로 여기고 있던 터였다. 하지만 이제 또렷이 조각된 그 얼굴만으로도 내게는 그가 군주처럼 보였다. 그가 머무는 튈르리 궁에서 조제핀은 몇 년 전의 마리 앙투아네트*처럼 시녀들을 거느리고 있었다.

보나파르트는 1792년 이후, 튈르리 궁에 그려진 혁명의 온갖 상징을 없애 버리라고 명령했다. 궁정 생활은 세심하게 정리된 관례에 따라, 구체제 명문가의 대표자들이 있는 자리에서 제 권리를 되찾았다.

제1통령을 군주로 완전히 탈바꿈시키기 위한 명분만 찾으면 되었다. 그런데 1804년 3월, 라틴 구역에서 카브리올레*로 추격전이 벌어지며 총격이 오갔다. 공모자인 피슈

그뤼가 체포된 지 며칠 되지 않아 조르주 카두달도 붙잡혔다. 두 사람은 왕당파 음모 조직을 이끌었는데, 조사에서 카두달은 보나파르트 제거를 준비하고 있었다고 밝혔다. 그는 덧붙이기를, 때가 되면 프랑스로 한 왕자가 들어오기로 되어 있었다고 했다.

때마침 탈레랑*의 보고서는 스트라스부르에서 멀지 않은 라인 강 건너편에 콩데 일가 사람인 앙갱* 공작이 머물고 있다고 알려 왔다. 곧 그 미지의 왕자가 바로 앙갱 공작이라는 것이 밝혀졌다. 제1통령은 젊은 앙갱 공작이 프랑스 국경 가까이에 있는 외국에 머물면서 암살 음모를 꾸민 주동자라는 이유로, 공작을 파리로 납치해 오라고 명령했다. 그것은 법과 정의를 무시한 처사였다.

앙갱 공작의 거처는 용기병*들에게 포위되었고, 공작은 마차에 태워져 3월 20일에 뱅센에 도착했다. 그날 밤 공작은 법정에 모습을 드러냈고, 소송이 진행되기도 전에 이미 판결은 내려져 있었다. 새벽녘, 전등 불빛이 내리비치는 성의 해자*에서 공작은 총살당했다.

나는 자기네 조국에 대항해 싸우는 망명자들에게 동정심 같은 건 느끼지 않는다. 앙갱 공작도 그런 이들 중 하나였다. 하지만 제1통령의 납치 명령은 비열한 행동이었다. 왜

**탈레랑**
1754~1838. 외무장관.

**앙갱**
루이 드 부르봉. 부르봉 왕가의 일가인 콩데 왕자의 손자로, 용맹스러운 망명 귀족이었다.

**용기병**
두 발로, 혹은 말에 올라타고 싸우는 기병대 병사.

**해자**
성 주위에 둘러 판 못.

그런 일을 벌였는지 그 이유를 아무리 쉽게 짚어 낼 수 있다고는 해도 말이다.

그때부터 보나파르트는 여론 앞에 소위 음모자의 시체를 드러내 놓고는 망명한 왕족들이 프랑스로 돌아오는 것에 대해 위협적인 태도를 보였다. 왕족들은 귀국하면 모든 국가 재산*을 기어이 돌려 달라고 요구할 것이 뻔했기 때문이다. 따라서 혁명을 지키려면, 보나파르트의 권력은 세습*되어야 했다.

1804년 5월 18일, 원로원의 결의*로 프랑스 제국이 수립되었다. 한 달 뒤 그레브 광장의 처형대 위에 올라갔을 때, 카두달은 씁쓸한 기분으로 이렇게 말했다.

"우리는 프랑스에 왕을 돌려주고 싶었는데, 황제를 만들어 주었군."

"나폴레옹 보나파르트, 프랑스 인들의 황제!"

아마도 지금의 사람들은 프랑스 군대가 그 후로 수년간 유럽에서 쟁취한 영광의 후광에 둘러싸인 이 칭호에 익숙할 것이다. 하지만 감히 말하건대, 당시 내게는 황제라는 칭호가 괴상하게 들렸다. 나는 튈르리 궁에서 마주쳤던 비쩍 마른 청년이 떠올랐고, 그 후로 그를 둘러싸고 있던 화려함을 진실로 받아들이지 않았다.

**국가 재산**
혁명 동안에 국가가 교회나 망명자들에게서 압수해 팔아 버린 재산.

**세습**
대를 이어 전하는 것.

**결의**
원로원의 의결로 법의 힘을 갖는 행위.

**다비드의 그림**
98~99쪽 참조.

**제국 대법관**
제1제정 시대 고관의 칭호이다.

**반장화**
여기서는 장식이 달린 세련된 신발을 말한다.

**흥청한 잔치**
오락거리, 연회, 진수성찬이 있는 파티.

그 뒤에 다비드가 불멸의 장면으로 그려 낸 대관식은 단연 주목을 끌었다. 나도 인정하는 바이지만, 다비드의 그림*은 장엄하다. 그런데 기억력 좋은 내게 1804년 12월 2일의 일이라면 아주 생생하다. 그날 우리는 장교며 사병이며 할 것 없이 새로운 체제의 대신들이 사륜마차에서 노트르담 성당 안뜰로 내려서는 걸 지켜보면서 몰래 웃고 있었다. 대신들은 제국 대법관*, 국가 대법관, 대재무관 등의 칭호로 불렸다. 그들은 반장화*에 비단 양말, 수놓은 망토, 기이하게 생긴 깃털 모자로 변장하고 있는 것처럼 보였다.

한 가지 일화가 여전히 내 머릿속에 남아 있다. 황제 부처가 대성당을 떠나자, 악단의 지휘자는 짓궂은 장난으로 '폐하'를 골탕 먹이기로 작정했는지 당시에 한창 유행하던 곡을 연주하기 시작했다.

"난 네가 그러는 걸 한 번도 본 적이 없어. 흥청한 잔치*를 벌이는 것을 말이야. 난 네가 그러는 걸 한 번도 본 적이 없어. 그런 취향의 흥청한 잔치를 벌이는 것을……."

하지만 이 곡의 후렴을 놓고 판단하자면, 그때의 엄숙한 분위기와는 전혀 어울리지 않는 곡이었다. 나폴레옹은 몸짓 하나로 우스꽝스러운 연주를 당장 그만두라고 명령했

지만, 이미 엎질러진 물이었다. 청중은 크게 웃음을 터뜨렸다.

내가 앉은 자리에서는 대관식도, 노트르담 성당 중앙 홀에서 나폴레옹이 선서를 하는 모습도 보이지 않았다. 그런데 축제의 분위기는 조금도 가라앉을 줄을 몰랐다. 이튿날에는 보물 따는 기둥*이 세워졌고, 장식된 수레가 팡파르를 연주하는 음악가들을 태우고 시내를 돌았으며, 사람들은 신나게 춤을 추었다. 색색의 풍선들이 콩코르드 광장 위로 날아올랐다. 그중 가장 큰 풍선에는 날개를 활짝 편 채 나폴레옹의 이름이 적힌 깃발 두 개를 발톱으로 그러쥔 독수리가 그려져 있었다. 밤에는 화려한 불꽃놀이가 펼쳐졌다.

특히 12월 5일에는 샹 드 마르스 광장의 사관학교 앞에서 식이 있었다. 화려하게 차려입은 황제는 그의 병사들인 우리에게 독수리 깃발을 수여했다. 그러고 나서 우리는 황제에게 충성을 맹세했다. 고백하건대, 내게 가장 강렬한 인상을 남긴 것은 바로 그 순간이었다. 나폴레옹은 자신을 프랑스의 절대 군주로 만들어 준 우리들 곁에서 다시금 권력을 다진 것이다.

황제는 곧 우리 병사들이 필요하리라는 것을 이미 알고

**보물 따는 기둥**
축제 때 기둥 꼭대기에 물건이나 먹을 것을 올려놓고, 그것을 끌어내리면서 축제 분위기를 즐겼다.

있었다. 아미앵 평화 조약에 결코 만족하지 못한 영국은 1803년 이후로 약속을 저버리고 말았다. 유럽 대륙에서 프랑스의 위치는 영국의 무역 이익에 대단한 위협이었고, 불타오르는 우리의 정복 야망은 영국을 불안에 떨게 했다. 영국은 전쟁을 원했고, 보나파르트는 전쟁을 거부하지 않았다. 승리는 다시 한 번 보나파르트의 권력을 정당화시켜 줄 것이고, 새로운 대관식으로 이어질 터였다.

그 무렵, 황제는 영국 상륙을 준비하고 있었다. 나폴레옹 군대는 불로뉴* 기지에 병영을 차린 뒤 결전의 순간을 기다리고 있었다. 하지만 같은 시간에 우리의 적은 러시아, 오스트리아와 동맹을 맺었다. 나폴레옹은 영불 해협 횡단을 포기하고 동쪽으로 진군할 것을 명령했다.

이 원정은 승리로 매듭지어졌다. 엘힝겐과 울름 시의 점령, 마크 장군이 이끄는 오스트리아 군의 항복, 그리고 마침내 황제 대관식 기념일에 거둔 아우스터리츠 전투의 승리로 이어졌다. 점차 날이 밝아오면서 전투는 명쾌하고도 눈부셨고, 새벽빛은 우리에게 적의 병참선을 드러내 보여 주었다.

나폴레옹은 우리 군의 오른쪽 날개가 약해진 척했다. 그렇게 해서 프라첸 고원에서 우리와 대치하고 있던 오스트

**불로뉴**
영국 침략을 목적으로 세운 군 주둔지.

술트
1769~1851. 아우스터리츠에서 이름을 떨친 프랑스 장군.

리아와 러시아 군이 우리의 오른쪽 날개를 포위할 수 있다고 믿고 집중적으로 공격하게 만들었다. 결국 그들은 그들 앞에 쳐져 있던 올가미에 걸려들고 말았다. 적의 오른쪽 날개를 공격하는 작전을 성공시키려다 그만 자기네 옆구리를 노출시키는 바람에, 나폴레옹이 술트*의 병사들을 진격시킨 고원에서 철수해야 했던 것이다. 프라첸 고원을 장악한 우리 군대는 오후에는 러시아 군을 얼어붙은 연못으로 몰아넣는 데 성공했다. 기병들의 무게와 우리 대포들이 토해 내는 불에 달궈진 포탄의 충격에 얼음이 쩍쩍 갈라졌다. 마침내 적은 전멸했다.

　승리의 그날 밤, 나폴레옹이 한 말을 우리는 저마다 기억하고 있다.

　"병사들이여, 나는 그대들에게 만족하노라. 그대들은 무한한 영광으로 그대들의 독수리 훈장을 장식했다. 우리 조국의 행복과 후세의 안전을 굳건히 하는 데 필요한 모든 것이 성취될 때, 나는 그대들을 프랑스로 되돌려 보낼 것이다. 내가 가장 따뜻한 관심을 쏟는 대상은 바로 그대들이 될 것이다. 나의 백성들은 그대들을 기쁨으로 맞이할 것이다. 그대들이 '나는 아우스터리츠 전투에 참전했다'고 말하기만 하면 프랑스 민중은 '여기 용감한 자가 있다'고 대답하리라."

그 축사 중 몇 가지 표현 때문에 나는 기분이 좋지 않았다. '나의 백성들'이라는 게 무엇이든 간에, 프랑스가 고작 한 사람의 말을 들어 주기 위해 혁명을 일으켰단 말인가? 나로서는 그 축사보다는 전투 전날 밤을 떠올리고 싶다. 회색 프록코트 차림에 머리에는 이각모\*를 쓰고, 부대에 명령을 내리며 임시 야영지를 두루 돌아보던 나폴레옹을 말이다. 작은 우두머리는 아직 전우애에 목숨을 바치고 의미를 부여할 줄 알았던 것이다.

이각모
양 끝이 뾰족한 모자.

"**공화국** 정부는 한 사람의 황제에게 맡겨졌다." 제정 정치는 국민 투표를 통해 인정받고, 파리 노트르담 성당에서 열린 장엄한 의식을 통해 축성받고, 1804년에 새로이 태어난 체제였다.

▼ 나폴레옹 1세의 대관식

**꿀벌**
꿀벌은 새로운 제국의 상징으로, 구체제의 백합을 대체한 것이다.

**다비드**
프랑스 제국의 궁정 화가인 다비드는 당대 사건들의 배후이자 증인이었다.

**다비드가 그린 대관식**
나폴레옹은 교황 비오 7세에게 도유식을 받고, 월계관은 손수 머리에 썼다. 나폴레옹은 그림 한가운데에 무릎 꿇고 있는 조제핀에게 왕관을 씌워 주려 하고 있다. 황제 부처 주위로 보나파르트와 보아르네가 사람들이 정부 고관들과 나란히 서 있다. 고관들은 '경의의 표시'로 쿠션 위에 반지나 목걸이, 금옥관자 같은 것을 올려 들고 있다. 교황은 축복의 몸짓을 하고 있다. 특별석에 나폴레옹의 어머니인 레티지아 라몰리노가 그려져 있지만, 실제로는 대관식에 참석하지 않았다. 레티지아 위로 조금 왼쪽에는 손에 연필을 들고 있는 다비드가 그려져 있다. 이 그림을 보고 나폴레옹은 이렇게 말했다. "이것은 그림이 아니다. 사람들이 그림 속을 걸어 다니고 있다."

그 뒤에 다비드가 불멸의 장면으로 그려 낸 대관식은 단연 주목을 끌었다. 나도 인정하는 바이지만, 다비드의 그림은 장엄하다.

# 불행한 전쟁

　1805년 12월 2일* 이후로 나폴레옹은 자신이 유럽에서 무적의 존재가 되었음을 믿을 수 있었다. 그는 오스트리아와 러시아의 왕들을 한꺼번에 물리쳤다. 그리고 이번 승리로 베네치아와 프리울, 이스트라와 달마치야*는 나폴레옹이 군주로 있는 이탈리아 왕국에 병합되었고, 나폴리 왕국도 손에 넣게 되었다. 황제는 나폴리 왕국을 형 조제프에게 맡기기로 마음먹었다. 뮈라는 베르그 대공령 작위를 받았고, 동생 루이는 네덜란드의 왕이 되었다. 황제의 작품인 라인 연방*은 나폴레옹의 '보호'를 받게 되었다. 보나파르트 가문과 보아르네 가문을 묶어 주는 정략 결혼은 대제국의 기반을 탄탄하게 해 주었다.

　하지만 가문 간의 결합으로 이루어진 이 멋진 조직은 이미 유죄를 선고받지 않았던가? 아우스터리츠 전투가 벌어

**1805년 12월 2일**
아우스터리츠 전투 승전일.

**달마치야**
유고슬라비아의 도리아 해에 면한 지역.

**라인 연방**
오스트리아와 프로이센을 제외한 모든 독일 국가가 나폴레옹의 후원을 받아 결성한 연방 (1806~1813).

지기 전에 트라팔가르 해전이 있었다. 1805년 10월 21일, 지브롤터*에서 가까운 트라팔가르 곶이 있는 먼 바다에서 넬슨 제독은 목숨을 걸고 프랑스 함대를 전멸시켜 영국에 바다의 통제권을 돌려주었다.

언론에서는 바다에서 일어난 이 재앙에 관해 소식을 전하지 않았다. 대륙의 포로가 된 나폴레옹은 영원한 숙적 영국에 대항해 적국의 교역을 막는 것 말고는 다른 방책이 없었다. 따라서 나폴레옹은 유럽의 해안선 전체를 통제해야 했다. 영국과 교역을 하는 모든 나라는 곧 프랑스의 적이 될 터였다.

하지만 노장인 우리가 보기에, 첫 원정 때의 열정은 어딘가 무뎌져 가고 있었다. 군대는 기동성이 떨어지고, 군사 작전은 전처럼 신속하게 이루어지지 않았으며, 패배에서 교훈을 얻은 적은 우리의 계획을 가로막는 법을 터득하였다. 적은 곧 게릴라전*을 펼칠 터였다.

나폴레옹 대군은 감지할 수 없을 만큼 서서히 변해 가고 있었다. 예나 전투를 막 끝내고 러시아로 돌진하기 전, 나폴레옹은 새로운 군대를 일으켜야 했다. 수만 명의 신병들로 구성된 군대였다. 그들에겐 총격의 경험도 없고, 예전에 우리에게는 있었던 열정도 없었다. 우리가 더는 첫 이

**지브롤터**
스페인 남단에 있는 영국령의 작은 영토.

**게릴라전**
적의 배후나 측면에 매복해서 괴롭히는 전투.

탈리아 원정 때의 베테랑*이 아니라는 사실을 깨달은 것은 1807년에서 1808년 무렵이었다. 그토록 많은 우리 동지들은 무너져 있었다. 우리는 늙었고, 지나간 서사시에 대해 기억이 없는 병사들을 휘하에 거느린 장교였다. 결국 군대는 각국의 병사들이 들어오면서 둔해졌다. 이탈리아 병사나 폴란드 병사에게 우리와 똑같은 신념을 갖고, 같은 목적을 위해 싸우라고 요구할 수 있었겠는가?

아일라우 전투*는 제국의 군대가 맞은 첫 번째 전환점이었다. 나는 그와 같은 살육을 결코 본 적이 없었다. 그날 우리는 눈을 맞고 추위에 몸을 떨며 싸웠다. 차디찬 돌풍에 거의 제정신들이 아니었다. 나는 러시아의 압박을 풀기 위한 뮈라의 후위 부대에 속해 있었다. 곧이어 황제는 적과 대치하는 나의 용기를 치하해, 나를 대령으로 진급시키고 레지옹 도뇌르 훈장*을 수여했다. 나는 그 전투에서 간신히 목숨을 부지하였다. 승리인지 아닌지 모호한 쓰디쓴 전투 뒤에 그 훈장을 받았다는 것이 나로서는 지금까지도 안타깝게 여겨진다.

1807년 2월 8일 밤에는 너무도 많은 사상자가 전장을 덮고 있어서, 군대가 다시 행군을 시작하는 데에는 며칠의 시간이 필요했다. 나폴레옹 대군의 보고서는 침착한 어조

**베테랑**
여기서는 오랫동안 복무한 경험 많은 병사를 뜻한다.

**아일라우 전투**
러시아에 대항해서 벌인 살육전(1807년 2월 8일).

**레지옹 도뇌르 훈장**
1802년에 보나파르트가 제정한 명예 훈장.

를 취하고 있었지만, 파리에 크나큰 불안감이 감돌고 있다는 것을 나는 알고 있었다.

적어도 폴란드 원정은 유리했다. 왜냐하면 아일라우 전투 후 프리트란트 전투에서 승리를 거두었고, 나폴레옹과 러시아 차르 사이에 틸지트 조약*이 맺어졌기 때문이다. 사람들은 그 두 사람이 니에만 강* 한가운데 뗏목 위에서 만났던 것을 기억한다.

"폐하, 저는 폐하만큼이나 영국을 증오합니다!"

차르 알렉산드르의 첫마디에 나폴레옹이 대답했다.

**틸지트 조약**
나폴레옹이 프로이센의 틸지트에서 러시아, 프로이센과 맺은 조약(1807년 7월). 이로써 나폴레옹은 서유럽과 중부 유럽에 대한 지배권을 확립했다.

**니에만 강**
유럽에서 발원해 발트해로 흘러드는 강.

"그렇다면 평화는 이루어진 것이지요."

황제가 틸지트 조약을 맺으면서 유럽의 지도를 새로이 고친 만큼 우리는 그 말을 믿었다. 프러시아의 손발을 잘라서 베스트팔렌 왕국과 바르샤바 대공국을 세웠던 것이다. 그 뒤로 유럽의 해안이 영국에게 봉쇄되어 있었다. 대륙 봉쇄에 확실히 빗장을 걸기 위해 나폴레옹은 우리 군대가 포르투갈로 넘어가는 것을 놓고 스페인과 협상을 벌였다. 1807년이 저물기 전, 쥐노*의 군대는 리스본에 입성했다.

하지만 야망은 또 다른 야망을 키우는 법이다. 황제는 이

쥐노
1771~1813. 프랑스 장군이다.

**이베리아 반도**
피레네 산맥 남쪽에 위치한 유럽의 일부.

**카를로스 4세**
1748~1819. 1788년부터 1808년까지 재위한 스페인의 왕.

**바욘**
나폴레옹이 스페인의 부르봉 왕가 사람들에게 왕위를 포기하도록 강요한 회담이 있던 곳 (1808년 5월).

베리아 반도* 전체의 통치권을 손에 넣고 싶어졌다. 불화를 겪는 스페인 왕가를 보며, 황제는 더 손쉽게 통치권을 차지할 수 있을 거라는 생각을 굳히게 되었다. 하지만 스페인 전쟁은 적과의 비극적인 대치로 이어졌다.

1808년 2월 하순의 어느 날, 뮈라는 나폴레옹이 스페인에서 자신을 중위로 임명했다고 내게 알려 주었다. 뮈라는 중위의 지위로 약 5만 명의 병사들을 지휘해야 했다. 하지만 황제는 이베리아 반도에서 나폴레옹 군대가 맡게 될 역할에 대해서는 뮈라에게 아무 말도 하지 않았다.

마드리드로 진군해 들어간 외국 병사들 앞에서 스페인 국민들은 얼마나 불안했을까. 우리 병사들 중 어떤 이들은 때때로 주민들을 거칠게 다루었다. 어떤 열기가 스페인에 넘쳐흘렀고, 이는 폭동으로 변했다. 쇠락할 대로 쇠락한 **카를로스 4세***는 이러한 혼란스러운 상황에서도 역시 비겁하기 짝이 없었다. 미워하는 아들 페르난도를 위해 왕위에서 물러나는 쪽을 택한 것이다. 이미 오래전부터 그 아버지와 아들은 서로의 한을 풀지 못하고 있었다. 안타깝게도 나폴레옹은 비참한 가족사를 이용할 수 있을 거라고 믿었다.

황제는 갈등을 해결해 주겠다는 구실로 두 군주를 **바욘***

으로 불러들였고, 그들에게 왕위를 포기하라고 강요했다. 나폴레옹은 이제 형 조제프에게 스페인을 넘기는 일만 남아 있었다. 그렇게 해서 혁명의 계승자 나폴레옹은 스페인 국민에게 자유를 가져다 주었다.

마드리드 시민들은 바욘 회담의 결과를 기다리지 않고 분노를 폭력으로 표출했다. 우리는 도시 거리를 지나가다 습격을 당했고, 외따로 떨어진 병사들은 살해당했다. 교회에서는 우리를 스페인에서 몰아내 달라고 신에게 기도했다. 5월 2일, 나는 안개달을 다시 겪는 줄로만 알았다. 반란은 불길처럼 번졌고, 우리로서는 시민들을 죽이는 것 말고는 달리 질서를 잡을 방법이 없었다. 여기저기서 희생자들의 이웃과 가족들이 울부짖는 비명 소리가 울려 퍼졌다.

하지만 그러한 학살은 결코 승리를 가져다 주지 않는다. 억압은 증오를 부채질하게 마련이다. 우리는 쓰라린 경험을 통해 점령군에 대항하는 국민이 어떠한지를 배워야만 했다. 이제 길거리는 더 이상 안전하지 않을 테고, 늘 매복의 위협이 있을 터였다. 길모퉁이에서는 거꾸로 매달리거나 갈기갈기 찢긴 우리 병사의 시체를 발견하게 될 터였다. 성직자들마저 스페인 사람들에게 우리에게 대항해 무기를 들라고 부추겼다. 묘한 책자 하나가 스페인 전역에

돌고 있었는데, 그중 몇몇 구절이 기억난다.

"프랑스 인을 죽이는 게 죄일까?"

"아닙니다, 신부님! 사람들은 난폭한 압제자들로부터 조국을 해방시키기 위해 할 일을 한 것뿐입니다."

"우리 행복의 적은 누구겠는가?"

"프랑스 인들의 황제입니다."

"그에겐 몇 가지의 본성이 있는가?"

"두 가지입니다. 악마의 본성이 하나요, 비인간적인 잔혹한 본성이 나머지 하나입니다."

"나폴레옹은 누구한테서 태어났는가?"

"지옥과 죄악에서 태어났습니다."

게릴라전은 자기 운명을 한치 앞도 모르는 병사의 마음을 괴롭히게 마련이다. 하지만 그것으로 우리 군대가 저지른 끔찍한 약탈을 정당화할 수는 없었다. 그러한 상황에서 나는 수치심을 느꼈고, 나폴레옹의 야심이 이제는 우리를 파멸로 몰고 가고 있다는 생각을 굳히게 되었다. 뒤퐁 장군의 군대가 바일렌*에서 패배했다는 소식이 들려왔다. 그때 나는 그 소식을 하느님의 뜻으로 받아들였다.

> 바일렌
> 프랑스 군이 패하고 말았다(1808년 7월 22일).

**보나파르트**의 지배는
나라 안으로는 음모를 불러일으켰고,
밖으로는 외국의 봉기를 야기했다.

### 생 니케즈 가의 테러
아래 그림은 천진하게 그려져 있지만, 아수라장이 된 테러를 보여 주기에는 충분하다. 공중으로 내던져진 사람들의 몸, 공포에 질려 거리를 내달리는 생존자들. 폭탄은 왕당파들의 작품이었지만, 무사히 목숨을 구한 보나파르트는 자코뱅 당원들에게 죄를 묻는 것부터 시작했다.

▲ 제1통령을 노린 파리 생 니케즈 가의 테러, 베르사유 성과 트리아농 성

## 우리는 도시 거리를 지나가다가 습격을 당했고, 외따로 떨어진 병사들은 살해당했다……

### 스페인의 함정
스페인에 개입한 것은 분명한 전환점이었다. 나폴레옹은 이것을 인정해야만 했다. "이 불행한 전쟁은 나를 파멸시키고, 내 힘을 흩뜨려 놓고, 유럽에서의 내 도덕심을 해쳤다. 고백건대, 이 일을 시작한 것은 최대의 실수였다." 유럽은 저항하는 법을 배우게 되었다.

〈5월 3일〉
1808년 5월 2일에 마드리드 시민들이 들고일어났다. 그날 밤부터 간단한 사형 집행이 시작되었다. 이 그림을 통해 프란시스코 고야는 전쟁의 두려움을 고발하려 하고 있다. 소대원들은 소속을 밝히지 않은 채 빽빽이 둘러선다. 완벽한 살인 기계가 된 그들은 겁에 질려 있고, 체념하거나 반발하는 희생자들에게 총부리를 겨눈다. 한쪽 공간으로 몰려선 장면(총검들이 스페인 인들의 몸에 거의 닿을 듯하다.)에는 빛을 주어 더욱 극적인 효과를 나타내었다.

▲ 조제프 푸셰

**조제프 푸셰**
경찰장관인 그는 정보원들과 스파이들을 심어 두어 프랑스 최고의 정보통이 되었다. 그의 카드 함에는 보나파르트에 관한 것을 포함해 수많은 이들의 약력이 들어 있었다. 가히 두려워할 만한 인물인 것이다.

▲ 1808년 5월 3일의 총살

▼ 나폴레옹을 조롱한 캐리커처. 1814년경, 개인 소장품

**'세계의 지배자'**
세계를 지배하려는 야심에 찬 나폴레옹은 죽마 위에서 두 다리가 땅에 닿도록 벌어져 결국 땅에 떨어지고 만다. 오른쪽 그림에서 왼쪽의 마드리드와 오른쪽의 모스크바 사이에 그려진 바로 그 퐁텐블로 성에서, 황제는 1814년 4월 6일에 작별을 고하게 됐다.

# 독수리의 추락

1809년과 1811년 사이 파리에 살던 이들이 보기에, 그 무렵의 제국은 그래도 화려함을 간직하고 있었다. 비록 적이 스페인에서 환멸에 빠진 우리를 밟고 올라서서 다시 고개를 들려 하고 있었지만 말이다. 나폴레옹은 아직 승리할 수 있다는 것을 바그람 전투*에서 증명해 보였다. 그리고 오스트리아와 맺은 조약으로 평화의 시대가 시작되었지만, 그리 오래 가지는 못했다.

몇 달 뒤에 나폴레옹은 오스트리아의 황녀인 마리 루이즈와 결혼했고, 조제핀과의 사이에서 얻지 못했던 아들을 마침내 얻었다. 뿐만 아니라 빈의 합스부르크* 왕가와 지속적인 동맹을 맺기를 희망했다. 101번의 축포와 함께 환영을 받으며 후계자가 태어났지만, 외교적 동맹은 얼마 못 가서 깨져 버렸다. 차르와의 우정으로 말하자면, 그것은

**바그람 전투**
1809년 7월 5일부터 6일까지 이틀 동안 나폴레옹이 오스트리아와 싸워 승리를 거둔 전투. 이 전투 뒤에 쇤브룬 조약이 맺어졌고, 그 뒤로 짧은 기간 동안 두 나라는 매우 긴밀한 관계를 유지했다.

**합스부르크**
오스트리아 제국의 통치 왕조.

한낱 추억일 뿐이었다.

　대륙 봉쇄는 영국을 파멸의 끝으로 내몰았지만, 동시에 수많은 유럽 국가들의 힘을 약화시켜 더 오랫동안 나폴레옹의 통치를 받아들이게 만들었다. 하지만 외국 정부들은 점차 나폴레옹의 지배에서 벗어나려 애를 썼고, 국민들은 깨어났다.

　황제가 일생에서 가장 터무니없는 계획을 구상한 것은 그 무렵이었다. 바로 광대하고 머나먼 러시아를 치기로 한 것이다. 50만 명이 넘는 병사들이 소집되었다. 이탈리아에서 우리보다 훨씬 많은 이탈리아 병력을 번개처럼 공격해 승리를 거두었던 때가 아득히 멀게만 느껴졌다. 내게 그 엄청난 군대는 버거웠고, 즉흥적인 작전을 수행하기에 부적합했으며, 운명을 거스를 수 없는 것처럼 보였다. 이제 황제는 늙었고, 그의 누렇고 살찐 얼굴에서는 산이라도 들어 올릴 수 있을 것만 같던 예전의 힘을 더는 찾아볼 수 없었다. 명예와 부유함에 몸과 마음이 해이해진 군대의 원수들은 지쳐 있었고, 다시 전쟁을 시작하고 싶은 마음이 전혀 없어 보였다.

　군대는 흔들렸다. 우리 눈앞에는 끝없는 평원이 펼쳐져 있었고, 지평선은 바다 위에서처럼 하루하루 멀어지는 듯

했다. 적은 싸우기를 거부하며 우리가 전진할수록 후퇴했다. 우리의 전열은 길게 늘어졌고, 그 무한한 공간 속에서 느즈러지고 길을 잃는 듯 보였다. 숨 막히는 더위가 계속되었고, 이질*이 우리 군대에 퍼졌다. 8월 말, 나폴레옹 대군은 싸워 보지도 못하고 병력의 4분의 1 가까이를 잃었다.

마침내 쿠투조프는 차르의 명령에 따라 전투를 시작하기로 결심했다. 모스크바*에서 나는 나폴레옹을 의심했다. 그날 한창 전투가 벌어지는 와중에 그가 보인 우유부단함 때문에 우리가 크나큰 희생을 치를 뻔한 것이다. 그 뒤로 장교들 입에서 입으로 그런 얘기가 번져 갔다. 나는 황제가 기운이 쇠했다고 불평하는 쪽이었다.

그 후로 적어도 모스크바로 가는 길만큼은 열려 있었다. 우리는 1812년 9월 14일에 차르의 도시로 들어갔다. 그곳에는 음울한 기운이 감돌고 있었다. 도시는 주민들에게 버려져 있었고, 숨 막히는 침묵이 그곳을 감싸고 있었다. 드문드문 울리는 총격 소리와 까마귀들의 음산한 울음소리가 침묵을 깨뜨렸다.

그다음 날부터 몇 군데에 화재가 일어났다. 우리는 불을 끌 수 있으리라고 믿었다. 하지만 그러한 생각은 잠시뿐이었다. 밤에는 화재가 두 배로 늘어났고, 모스크바는 거대

**이질**
전염병의 일종.

**모스크바**
1812년 9월 7일에 러시아에 대항해 시작한 애매한 전투.

독수리의 추락 ■ 115

한 화로로 변하고 말았다. 러시아 인들은 우리 손에 도시를 넘기느니, 아예 불살라 버리는 쪽을 택한 것이었다.

우리는 폐허가 된 모스크바에 한 달을 더 머물렀다. 군대는 겨울을 보낼 병사\*를 어쩌면 그곳에 세울 수도 있었을 것이다. 하지만 황제는 파리에서 그토록 멀리 떨어진 곳에 너무 오랫동안 머무르려 하지 않았고, 머물 수도 없었다. 따라서 퇴각 명령이 떨어졌다. 어쩌면 너무 뒤늦은 것인지도 몰랐다. 차고 짙은 안개가 이미 겨울을 알리고 있었던

**병사**
군대가 집단적으로 거처하는 집

것이다. 그 뒤로 이어진 날들은 죽을 때까지 내 기억 속에서 떠나지 않았다.

  저 멀리 눈발이 희부연 하늘과 한데 뒤섞였다. 차디찬 돌풍이 휘몰아쳐 우리의 얼굴을 얼얼하게 만들었고, 우리 눈에 고드름을 맺어 놓았다. 우리는 표지도 없는 백색의 거대한 공간에서 길을 잃은 듯 허우적거리며 앞으로 나아갔다. 이따금 우리는 코자크* 기병들의 습격을 받았다. 그들은 불시에 나타났다가 우리 행렬에 공포와 죽음의 씨앗을

**코자크**
러시아.

흩뿌려 놓고는 이내 사라져 버렸다.

　봄에 우리가 지나오면서 약탈한 마을과 큰 부락에서는 더 이상 먹을거리를 구할 수 없었다. 배고픔이 추위에 무무기력해진 군대를 순식간에 휩쓸어 버리고 말았다. 내가 타고 가던 말이 지쳐서 죽었을 때, 나는 다른 많은 병사들처럼 말고기를 먹는 것 말고는 달리 배를 채울 방법이 없었다. 지금도 그 피비린내와 반쯤 구워진 고기 맛을 떠올리면 진저리가 쳐진다. 살아남은 나머지 대군들은 썩은 고기를 먹는 비참한 짐승들 무리가 되어 뿔뿔이 흩어졌다.

우리는 11월 말 베레지나*에 도착했다. 에블레 장군의 가교병*들은 목숨을 걸고 군대가 강을 건너는 데 필요한 두 개의 다리를 세우기 위해 얼어붙은 강 속으로 들어갔다. 영웅적인 일화이긴 하지만, 그 뒤에 이어진 비장한 순간들은 결코 잊을 수 없을 것이다. 남아 있던 병사들은 아수라장 속에서 서로를 밀치며 서둘러 다리 위로 올라갔다가 짓뭉개지는 바람에 숨통이 막히고, 베레지나 강에 떨어져 싸늘한 시체가 되었다.

러시아에서의 패배는 프랑스의 정치 체제를 뒤흔들어 놓

**베레지나**
유럽 동부 국가인 벨로루시를 흐르는 강.

**가교병**
다리를 놓는 병사.

**섭정**
군주가 직접 통치할 수 없을 때에 군주를 대신하여 나라를 다스림.

**끔찍한 국제전**
병력의 숫자가 두 배인 러시아, 오스트리아, 프러시아 군 앞에 프랑스가 패배했다(1813년 10월 16일~19일).

앉다. 파리에서는 말레라는 장군이 나폴레옹이 죽었다고 거짓으로 알리고는 몇 시간 동안 권력을 차지했다. 황후에게 섭정*을 맡겨야 한다는 생각은 그 누구도 하지 않았다. 초조해지고 화가 난 황제는 빨리 파리로 돌아갔다. 또 한 번 군대를 버린 것이다. 하지만 그때로서는 권력을 쟁취하는 것이 아니라 지키는 것이 더 중요했다.

나는 녹초가 되고 병이 들어 프랑스로 돌아온 뒤에 휴가를 얻었다. 앞으로 다가올 전쟁은 헛될 것이라는 예감이 들었다. 나폴레옹의 완고함이 그 자신을 파멸로 몰고 갈 거라는 예감도 들었다. 유럽 전체가 서서히 고개를 들고 있었지만, 나폴레옹은 여전히 운명을 거스를 수 있고 상황을 자신에게 유리한 쪽으로 바로잡을 수 있을 거라고 믿었다.

라이프치히에서 끔찍한 국제전*을 치른 뒤인데도, 나폴레옹은 연합 세력과 평화 교섭을 하는 것에 대해서는 아예 생각하려 하지 않았다. 라이프치히 전투에서는 수적으로 우리보다 두 배나 우세한 연합군이 승리를 거두었다.

프랑스는 힘이 다했건만, 나폴레옹은 여전히 수많은 병사들과 더 많은 세금을 요구했다. 그 뒤의 전투는 프랑스 땅에서 벌어졌다. 군인으로서의 타고난 재능 덕분에 황제는 몇 차례 더 승리를 거두었지만, 적국은 다시금 거세게 압박해 왔다.

　적군이 프랑스로 들어왔을 때 나는 눈물을 흘렸다. 하지만 며칠 뒤 나폴레옹이 퐁텐블로에서 왕위에서 물러났다는 소식을 듣고 마음이 차분해졌던 것도 떠오른다. 감히 고백할 수는 없지만, 사실 나는 그러한 추락을 원했었다. 그 뒤로 오랫동안 황제는 이제 그 자신만을 위해 싸웠고, 터무니없는 말과 행동으로 프랑스를 괴롭혔다.

**황제**의 서사시에서 러시아 원정은 가장 비극적인 사건이었다. 유럽을 떨게 했던 군대는 몇 달 만에 무너져 버렸다. '동장군'은 나폴레옹 군대를 러시아에서 퇴각시킨 것만이 아니라 완전히 무너뜨린 것이었다.

### 병사들의 고통

기온은 영하 30도까지도 떨어졌다. 여러 증거가 당시 병사들의 분위기가 얼마나 험악했는지 보여 준다. 고드름 맺힌 수염, 누더기가 된 옷, 걸레 조각들로 동여맨 발. 어떤 이들은 다치거나 다 죽어 가고, 또 어떤 이들은 사지가 동상에 걸렸다. 모두가 배고픔에 허덕였다.

▲ 러시아에서의 퇴각

◀ 스몰렌스크로 돌아오는 길의 군대 열병

### '나보-레옹'

땅딸보 레옹(그가 말에 올라타려면 사다리가 필요하다.)이 이 돌 위에 올라가 군대를 열병하고 있다. 병사들은 군대이기보다 마치 거지 떼나 서커스 단원들 같다.

### 캐리커처

"나는 언론들이 내 이익에 반해 행동하고 말하는 것을 결코 용납하지 않겠다."라고 나폴레옹은 선언했다. 하지만 영국인들은 '말라깽이'에 이어 '뚱보'를 조롱하는 캐리커처들로 내용을 몰래 가득 채웠다.

▲ 베레지나 강을 넘어서

우리는 표지도 없는 백색의 거대한 공간에서 길을 잃은 듯 허우적거리며 앞으로 나아갔다. 이따금 우리는 코자크 기병들의 습격을 받았다.

**베레지나 강을 넘어서**
적이 위협하고 있었다. 공병들이 세운 다리 위로 서둘러 베레지나 강을 건너야 했다. 한순간 극도로 혼란스러웠으며, 많은 사람들과 말들과 수레들이 미어터질 듯한 다리의 좁은 입구를 에워쌌다.

**낙담한 군대**
베레지나 강을 건널 때 군대를 격려하기 위해 나폴레옹은 '라 마르세예즈'를 부르기 시작했다. 국가 전복의 의미가 있다고 해서 1800년 이후로는 연주되지 않던 국가였다. 병사들은 '말부르크는 출정한다'로 화답했다. 이러한 불복종의 표시는 군대가 얼마나 지쳐 있었는지를 잘 보여 준다.

# 유배와 전설의 시기

   나폴레옹이 퐁텐블로에서 작별을 고한* 지 일 년이 채 지나지 않았을 때였다. 새로운 왕이 프랑스를 통치했지만, 전 유럽의 운명을 좌지우지했던 이는 코르시카 섬에서 몇 연* 떨어진 엘바 섬*에서 목이 빠지게 기다리고 있었다. 그 뒤로 앙시앵 레짐의 분위기가 프랑스에 스며들고 있었지만, 국민들은 평화롭게 사는 법을 다시 배우고 있었다.

   소식이 번개처럼 날아들었다. 그가 쥐앙 만에 막 상륙했다는 소식이었다. 언론에서 표현한 대로, 괴물이고 독재자이며 왕위 찬탈자인 그가 파리를 향해 진군해 오고 있었던 것이다. 여론에서는 놀라움과 호기심을 동시에 내비쳤다. 그리고 나폴레옹에게 적대적이었던 숱한 사람들이 다시 한 번 운명을 거스르려는 나폴레옹의 대담함에 돌연 사로잡히는 것을 나는 보았다.

**작별을 고한**
1814년 4월 20일.

**연**
옛날의 길이 단위로, 약 200미터.

**엘바 섬**
지중해의 작은 섬.

보나파르트가 파리로 다가옴에 따라 언론에서는 논조를 바꾸었다. 그가 튈르리 궁에 도착했을 때 궁전 주위에 몰려 있던 파리 시민들은 한목소리로 "황제 만세!"를 외치며 그를 반겼다. 군중은 자신들의 뜻이 한결같지 않다는 것을 여실히 보여 주었다. 몇 달 전에는 왕좌에서 쫓겨나 엘바 섬으로 가는 군주에게 마구 욕설을 퍼붓고 위협하던 군중이었다.

아마도 나폴레옹은 자신이 지중해로 유배된 뒤에 민심이 다시 돌아서리라는 것을 예감했을 것이다. 그는 정보원들을 통해 부르봉 왕가* 사람들에 대한 민심이 갈수록 나빠지고 있음을 확인했고, 모험이 가능하다는 것을 확신했다.

**부르봉 왕가**
1815년에 루이 18세로 대표되는 집권 왕조.

하지만 어떤 목적으로 모험을 과감하게 실행한 것일까? 그는 자신한 대로 자유 제정*을 세우려 했던 것일까? 아니면 단지 왕위를 되찾으려 했던 것일까? 부르주아 계급은 그가 되돌아오는 것을 냉담하게 지켜보았다. 그게 아니라면 적대감을 품었을지도 모른다. 지방에서는 소요* 사태가 곳곳에서 일어났다. 당시에 널리 퍼져 있던 불확신의 분위기를 증명하는 것이었다.

동맹 세력들은 나폴레옹을 '세계 안정을 어지럽히는 적'으로 지목했는데, 그들이 그러는 데에는 타당한 이유가 있었다. 그러면서 그들은 입장을 분명히 밝혔다. 그때부터 전쟁은 불가피해 보였고, 황제는 밤낮으로 적과 맞설 수

**자유 제정**
제2제정 아래 자유주의 정책이 실시되던 때.

**소요**
여럿이 떠들썩하게 들고일어남. 또는 그런 술렁거림과 소란.

있는 군대를 조직하느라 여념이 없었다. 무언가 혁명의 분위기가 감돌고 있었다. 적은 우리를 위협하고 있었고, 우리는 자유를 구해야만 했다.

어떤 이들은 분노하고 있었지만, 그와는 대조적으로 또 어떤 이들은 체념과 무기력에 빠져 있었다. 나는 가슴이 답답해 다시 군대에 들어가기를 거부했다. 젊은 날에 승리를 거두었던 공격들에 대한 기억이 수없이 떠올랐던 것이다. 나는 운명이 결정되기를 손 놓고 기다렸다.

1815년 6월 18일에 모든 것이 끝나 버렸다. 네\*가 필사적으로 미친 듯이 공격을 했지만, 워털루 전투\*는 나폴레옹의 재정복의 꿈에 종지부를 찍었다. 안타깝게도 '백일천하'로 인해 프랑스는 크나큰 희생을 치러야 했다. 나폴레옹의 최후의 공격에 지칠 대로 지친 동맹국들은 사실상 평화 협정의 조건들을 강화했다.

왕위를 잃은 황제는 영국인들에게서 은신처를 찾을 수 있을 거라고 믿었다. 그는 프랑스 해안 가까이에 닻을 내린 영국 함선 벨레로폰 호의 갑판 위에 모습을 드러냈다. 하지만 그는 사람이 머물 만한 곳이 못 되는 머나먼 남대서양 섬으로 또다시 유배를 떠나야만 했다. 세인트헬레나 섬은 그의 무덤이 될 터였다.

**네**
1769~1815. 용맹함으로 이름이 높았던 제국의 원수.

**워털루 전투**
1815년 6월 18일, 나폴레옹의 마지막 패전.

나폴레옹은 5년이 넘도록 감시자인 허드슨 로우 경의 학대와 구박에 굴복하며 그곳에서 살아남았다. 그는 그곳에서 자신이 했던 일과 행동을 애써 떠올리며 회고록을 구술하였고, 자신의 전설을 새기는 것을 완성했다.

1815년 이후로 유럽은 상처를 치료해 가고 있었다. 어느새 증오는 흐릿해졌다. 이제 그가 죽었으니, 대영 제국은 그 위인을 조국으로 돌려보내게 될까? 정복자는 이러한 행동을 완수하는 것으로 명예를 얻게 될 텐데 말이다. 이제 도처에서 황제에게 경의를 표하고 있건만, 안타깝게도 우리의 오랜 숙적인 영국은 나폴레옹이라는 이름이 그의 무덤에 새겨지는 것을 허락지 않았다. 그것은 제국에게 어떤 암시였을 것이다. 까다로운 행정가들은 '나폴레옹 보나파르트'라고 새기기를 원했을 것이다. 그러한 인색함이 그리 놀랍지는 않지만, 웃음거리가 될 만한 일이다.

결국 무덤은 익명으로 남게 되었다. 나는 그 무덤이 세인트헬레나의 작은 골짜기 버드나무 그늘에 묻힌 채, 위엄만을 자아내는 광경을 상상해 본다. 그렇게 황제는 저 유명한 엽기병대 대장의 옷차림으로 영원히 잠들어 있다.

내 어깨를 누르는 세월의 무게가 느껴진다. 어쩌면 페르라세즈 묘지의 오솔길을 산책하는 사람들이 한낱 돌멩이

에 이렇게 새겨진 글귀를 읽게 될 날이 그리 멀지 않았는지도 모른다.

"엽기병대 대장 엑토르 페르공, 여기 잠들다. 레지옹 도뇌르 훈장 수훈 장교. 아르콜레와 아우스터리츠에서 싸우다. 용감한 이였노라."

하지만 나는 오래도록 살아서 그 일이 완성되는 것을 보고 싶다. 그게 아니라면 이 비범한 서사시는 완전한 끝을 맺지 못할 것이다. 솔직히 말하자면, 그 장면이 눈앞에 선하다.

엄숙한 분위기 속에 세인트헬레나에서 배로 실려 온 나폴레옹의 유해, 일부러 찾아와 호위하며 경의를 표하는 은퇴한 노장들, 황제의 독수리로 장식하고 마구를 화려하게 갖춘 말들이 끄는 장엄한 장례용 마차, 파리의 대로를 따라 몰려나와 황제의 유품 앞에 조용히 고개 숙인 파리 시민들, 정부 관료들이 참석한 미사, 포병대의 예포.

그때서야 비로소 나폴레옹의 소원이 이루어질 것이다.

"내 유해가 내가 그토록 사랑한 프랑스 국민들 한가운데 센 강가에서 쉴 수 있기를……."

**나폴레옹**에 얽힌 추억은 그의 전설을 낳는 데 기여한 장소들에 새겨져 있다. 황제가 순교하듯 서서히 죽어 간 세인트헬레나 섬이나, 앵발리드의 무덤이 제국의 향수에 젖은 이들에게 순례지가 된 파리에 말이다.

▲ 나폴레옹의 집

**페르 라셰즈 묘지**
1804년 5월에 개방된 새 묘지에는 제1제정기 인사들의 무덤이 모여 있다. 나폴레옹 휘하에 있던 옛 장군들과 원수들의 묘지는 중앙 언덕 위에 모여 있어, 황제의 서사시의 진정한 기록이 되고 있다.

© J.-F. Gailloud

▶ 남대서양 세인트헬레나 섬의 전경

**세인트헬레나 섬**
권좌에서 쫓겨난 황제가 머문 소박한 집, 그의 불행한 동료들과 하인들, 볕 좋은 계절에도 그늘에서 점심을 먹던 천막 등 롱우드의 거주지는 이러했다. 나폴레옹은 1821년 5월 5일에 그곳에서 숨을 거두었다.

© RMN / G. Blot

▲ 앵발리드의 나폴레옹 무덤

### 상이군인들의 무덤
비스콘티가 디자인한 반석으로 된 위엄 있는 나폴레옹의 무덤을 그곳에 놓기 위해 상이군인들의 무덤은 돔 아래 공간으로 옮겨져야 했다.

## 내 유해가 내가 그토록 사랑하던 프랑스 국민들 한가운데 센 강가에서 쉴 수 있기를.

◀ 1840년 12월 15일에 돌아온 나폴레옹의 유해. 행렬이 콩코르드 광장을 가로지르고 있다.

### 돌아온 유해
16마리의 말이 끄는 장례 마차가 금빛의 높은 피라미드 형상으로 모습을 드러냈다. 받침대는 황제의 독수리와 무기 장식으로 꾸며진 샤를마뉴 대제의 왕관을 받치고 있다. 그 위로 여인 상주가 금 방패를 들고 있고, 그 위에 주름진 보랏빛 비단으로 덮인 기념비가 놓여 있다.

# 역사에서 전설로

## ● 선전 활동

나폴레옹은 유능한 행정관이자 비할 데 없이 뛰어난 군인이었다. 또한 언론을 능히 다룰 줄 아는 통치자였다. 첫 번째 이탈리아 원정 때부터 그는 언론의 힘을 깨닫고, 그의 승리를 전하는 신문 기사들을 일일이 확인했다. 권력을 장악하자마자 그는 자신의 이미지를 위인으로 새기고, 온갖 승리를 거두는 영웅이자 프랑스에 봉사하는 정령으로 만들었다. 그림과 조각들이 신화를 만드는 데 한몫을 했다.

군인들은 나폴레옹을 아버지처럼 존경하고 받들었다. 프랑스의 젊은이들은 진정한 공식적 예찬의 기초가 되는 황제의 가르침을 배운다. 하지만 황제의 전설은 병사들의 이야기와 나폴레옹 대군의 보고서인 《세인트헬레나의 회상》을 바탕으로 한 것임에 틀림없다.

## ● 적의에 찬 전설

하지만 나폴레옹은 살아 있는 동안 신랄한 공격의 대상이기도 했다. 피를 좋아하는 괴물, 물릴 줄 모르는 식인귀, 유럽을 짓밟는 독재자…….

작은 책자들이 유럽 대륙을 돌며 코르시카의 왕위 찬탈자, 폭군을 줄기차게 고발하였다. 당대의 뛰어난 문학가인 샤토브리앙도 황제의 악착같은 적수들 중 하나였다.

오늘날에도 나폴레옹은 논쟁의 여지가 많은 인물로 남아 있다. 하지만 역사적인 인물들 중 나폴레옹만큼 많은 저작을 낳게 한 인물도 드물다.

---

**라스 카즈(1766~1842)**
나중에 《세인트헬레나의 회상》으로 출간된 나폴레옹의 일기를 받아쓴 사람이 바로 라스 카즈이다. 1823년에 출간된 이 책은 대서양으로 유배당한 나폴레옹에 대해 말하고 있다. 특히 라스 카즈는 왕위에서 쫓겨난 황제가 자신의 활약에 대해 남기기를 원했다고 밝히고 있다. 말하자면, 자신의 치세에 관한 이야기를 자신이 직접 읽은 것이다.

▼ 라스 카즈의 초상화

## ● 저자의 말

보나파르트의 생애 전체는 전투에서 이룬 위대한 업적을 기반으로 하고 있고, 나폴레옹의 체제는 무엇보다 군사 체제이다. 따라서 우리는 가공의 인물인 한 장교의 이야기를 상상하기로 했다.

우리의 화자는 이탈리아, 이집트, 오스트리아, 스페인, 러시아 등 모든 원정에 참전한다. 화자에게 특정한 군대와 뚜렷한 임무를 맡겨서는 화자를 우리 마음대로 모든 대사건의 증인으로 내세울 수 없을 터였다. 적어도 우리는 그가 진급하는 것은 보게 된다. 그는 대령이 되고 레지옹 도뇌르 훈장을 받는다. 몇몇 문구들을 보면 화자가 뮈라의 측근이었다는 것을 짐작할 수 있다. 이렇게 우리는 윤곽만 그릴 수 있을 뿐이다. 요컨대, 아르콜레 전투에서 러시아 퇴각까지 나폴레옹 주위에서 싸운 이들은 그리 많지 않았던 것이다. 전쟁은 숱한 죽음을 낳는다는 것을 잊지 말자.

화자는 다른 관점에서 나폴레옹에 대한 생각을 이야기한다. 연기에 몰입한 배우는 마음껏 활용하지 못한 정보를 화자는 때때로 알고 있었다고 가정하면서 말이다. 화자의 비판적인 관점은 인위적으로 부각되어 있다. 하지만 비참하고 끔찍한 전쟁에 끝내 사기가 꺾인 병사가 있었다고 생각해 볼 수 있지 않을까? 보나파르트라는 비범한 장군에 대해서는 매우 경탄했지만, 자신이 만든 법칙 아래 유럽을 짓누르려는 폭군으로 변해 가는 그의 모습을 엄정한 눈으로 판단하던 사람들이 있었다고 생각해 볼 수 있지 않을까?

▲ 콜로세움 전경 앞에서 로마의 폐허에 대해 명상하는 프랑수아 르네 드 샤토브리앙

### 샤토브리앙 (1768~1848)

제국의 확고한 적인 샤토브리앙은 1814년에 다음과 같은 글로, 쿠데타 전날 밤에 보나파르트가 했던 연설을 패러디한다. "그래, 너는 이 빛나는 프랑스를 가지고 무엇을 한 것이냐? 우리의 보물은 어디 있느냐? 이탈리아, 전 유럽의 그 많은 돈은? 너는 공화국을 원했고, 우리를 노예와 같은 상태로 만들었다. 우리는 더는 몰로크(어린아이를 제물로 바쳐 모시는 셈 족의 신)를 숭배하고 싶지 않다. 더는 네가 우리 아이들을 먹어 치우게 놔두지 않겠다. 우리는 이제 너의 징병도, 너의 경찰도, 너의 검열도, 너의 야간 총격도, 너의 폭정도 싫다."

어린이부터 청소년까지

# 프랑스 갈리마르 인물 역사 총서

신화와 역사 속 영웅을 찾아 떠나는 놀라운 지식 여행!
인문 교양 지식 분야에서 세계 최고인 프랑스의 갈리마르 출판사에서 발행한
역사, 인물, 신화, 문명에 대한 종합적인 교양서!

  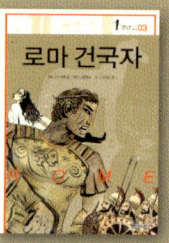  

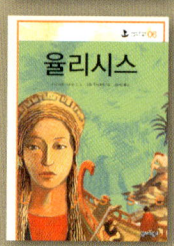 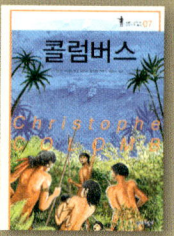  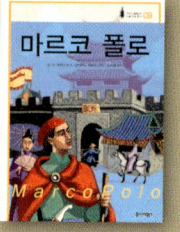 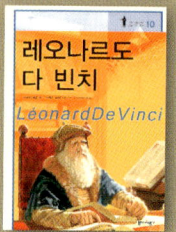

  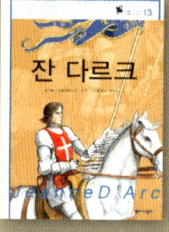  

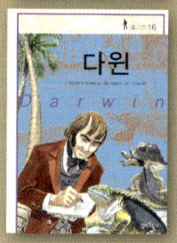 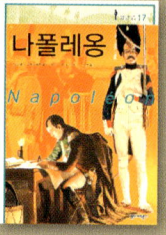   

- 01 이집트 신
- 02 아서 왕
- 03 로마 건국자
- 04 알라딘
- 05 모세
- 06 율리시스
- 07 콜럼버스
- 08 카이사르
- 09 마르코 폴로
- 10 레오나르도 다 빈치
- 11 예수
- 12 알렉산더 왕
- 13 잔 다르크
- 14 해적
- 15 바이킹
- 16 다윈
- 17 나폴레옹
- 18 노예
- 19 그리스 신화
- 20 클레오파트라